舵手证券图书
www.duoshou108.com

知识领航财富人生

舵手汇 www.duoshou108.com

投资交易学习社交平台

资金管理新论:资产配置的一个新框架

[美] 拉尔夫·温斯 著
姜井勇 熊 燕 译
康 民 校对

山西出版传媒集团
山西人民出版社

图书在版编目(CIP)数据

资金管理新论：资产配置的一个新框架／（美）拉尔夫·温斯著；姜井勇，熊燕译.—太原：山西人民出版社，2018.4

ISBN 978-7-203-10146-8

Ⅰ.①资… Ⅱ.①拉… ②姜… ③熊… Ⅲ.①资金管理-研究 Ⅳ.①F830.45

中国版本图书馆CIP数据核字(2017)第253389号
著作权合同登记号　图字:04-2014-015

资金管理新论：资产配置的一个新框架

著　　者：（美）拉尔夫·温斯
译　　者：姜井勇　熊　燕
责任编辑：孙　琳　周小龙
复　　审：贺　权
终　　审：员荣亮

出　版　者：山西出版传媒集团·山西人民出版社
地　　址：太原市建设南路21号
邮　　编：030012
发行营销：0351-4922220　4955996　4956039　4922127(传真)
天猫官网：http：//sxrmcbs.tmall.com　电话:0351-4922159
E-mail：sxskcb@163.com　发行部
　　　　　sxskcb@126.com　总编室
网　　址：www.sxskcb.com
经　销　者：山西出版传媒集团·山西人民出版社
承　印　者：三河市京兰印务有限公司

用纸规格：710mm×1000mm　1/16
印　　张：16
字　　数：210千字
印　　数：1-5100册
版　　次：2018年5月　第1版
印　　次：2018年5月　第1次印刷
书　　号：978-7-203-10146-8
定　　价：68.00元

如有印装质量问题请与本社联系调换

"舵手证券图书" 开篇序

20世纪末，随着中国证券投资市场的兴起，我们怀揣梦想与激情，开创了"舵手证券图书"品牌，为中国投资者分享最有价值的投资思想与技术。

世界经济风云变幻，资本市场牛熊交替，我们始终秉承"一流作者创一流作品"的方针，与约翰威立、培生教育、麦格劳-希尔、哈里曼、哈珀珂林斯等世界著名出版机构合作，引进了一批畅销全球的金融投资著作，涵盖了股票、期货、外汇、基金等主要投资领域。

时光荏苒，初心不改，我们将一如既往地与您分享专业而丰富的投资类作品。我们以书会友，与天南海北的读者成为朋友，收获了信任、支持。许许多多投资者成为我们的老师、知己，给予我们真诚的赞许、批评、建议。更有一些资深人士由此成为我们的编辑、翻译、评审，这一切我们感念于心。

我们希望与每位投资者走得更近，希望在"知识领航财富人生"理念指引下，打造综合型投资交易学习社交平台——"舵手汇"（www.duoshou108.com），通过即时动态、视频直播、有声读书、电子图书、在线聊天、知识问答、活动报名、读书会、打赏提现等多项功能，服务会员的读书分享、实战交流以及知识变现。"舵手汇"不定期邀请作者、嘉宾与会员对话，为读者答疑解惑，分享最新交易技术与理念。在这里，您可以与华尔街投资大师亲密接触；在这里，您可以与全国最聪明的投资者交流切磋；在这里，您可以体验全球最新最全的投资技术课程。这里，必将因为有您而精彩！

译者序

众所周知，金融经济学和资金管理领域向来被称为是智者的游戏，这很大程度上是因为它对参与者的数学和计算能力等要求甚高。五花八门、风格各异的复杂模型和交易系统常常令人望而生畏，而交易者和基金经理人或资金管理者却乐在其中。他们的最终目标只有一个，那就是在充满不确定和风险的市场上，赚取尽可能大的收益，创造尽可能大的投资价值。

呈现在读者面前的《资金管理新论》是金融经济学领域一本颇为经典之作，自1995年由约翰·威立国际出版公司出版以来，很快便在业内人士中赢得了极好的口碑，产生了较大的影响。它以一种通俗易懂的方式，清晰地阐述了作者关于投资管理的精辟理念。作为一本论述资金管理的著述，本书的应用范围非常广泛，它不仅适用于专业人士，对普通投资者而言，也有重要的参考价值和指导意义。

本书作者拉尔夫·温斯凭借自身的数学天赋，潜心于基金市场多年，通过对金融市场基本逻辑和运行机理的研究，形成了独具创见的资金管理理论。作者对投资管理有着深刻的理解，并且善于将高度复杂的理念

资金管理新论：资产配置的一个新框架

阐释得清晰明了。毫无疑问，温斯对资金管理有着浓厚的兴趣与独特的天赋，正如他在引言中所述，他对数学有着强烈的求知欲，也对资金管理理念情有独钟。正是这种天赋和努力，使作者在资金管理的实践中赚取了巨额收益，成为知名的资深投资者。

可以说，《资金管理新论》是所有专业投资者的重要参考资料，尤其适用于股票、基金、期权、期货交易者及各行各业的投资部门经理。在本书中，作者提出了资产配置的一个新框架。这个新框架对投资者观察和预测瞬息万变的市场潜在趋势十分有帮助，它既可作为期货和期权交易者的参考，也可为其他资产交易者所借鉴。此外，作者为这个新框架构建了一个新模型，用以更好地指导资金管理实践。本书原创性极强，颇有助于我们更好地判断与把握市场风险和潜在机会。书中所介绍的投资管理模型，能够指导读者制定出更合理的交易策略，帮助读者实现账户资产的持续最优化。

本书得以顺利付梓，译者首先要感谢父母对我们的无私培养，姜井勇还要感谢妻子柯婷婷女士对家庭的默默付出。我们还要真诚感谢本书策划倪明先生的信任。倪明兄"撷西方交易学之精华，为国内交易者作启迪"的远大志向和已取得的丰硕成果，着实令我们敬佩，也鼓励我们更严谨地译好本书。

我们真诚希望本书中文版的问世，能为更多的国内读者和业内人士提供可资借鉴的重要参照，以期在波诡云谲却有章可循的资金管理领域，长期且稳定地赚取丰厚的投资收益。

本书的完成得到以下同仁的大力帮助，他们是：张苹，苏远秀，朱杰，吴文莉，李超杰，陈鼎，余锋，范纯海，常红婧，郑星，田军，彭家伟，张毅，吴春梅，肖艳梅，康民。其中第一章至第五章由熊燕，肖艳梅，朱杰，吴文莉，张毅，李超杰，田军翻译。第六章至第九章由姜井勇，常红婧，郑星，彭家伟，张苹翻译。第十章至第十三章由苏远秀，陈鼎，余锋，范纯海翻译。其余部分由张毅，吴春梅，康民翻译，全书由康民负责统校。由于译者水平有限，错误和疏漏之处在所难免，敬请读者批评指正。

前　言

本书是"最优 f 概念系列丛书"的第三本。事实上，我想把它视为同一套书的第三卷。随着时间流逝，我头脑中的思绪越来越清晰，我不禁感到这是围绕"最优 f 概念"论述的丛书的最后一本。

本书把我曾经所做的一切都连结起来了。我以前所写的关于这个主题的内容为此——我称之为资产配置的一个新框架——提供了基本理论基础。我认为这很重要，它不仅适用于期货及期权交易者，也适用于任何资产交易。

《投资组合管理公式》（Portfolio Management Formulas）于 1990 年出版后不久，遭到了很多批评，理由是以这种最优 f 水平交易会导致令大多人无法承受的亏损，因此，整个理念就有缺陷了。

这令我很生气，不仅是对这些人的无知，同样地也对于我自己在介绍资料时的笨拙无能。"我了解会亏损，"我抗议道，"这不是一种交易体系——这不是在你进行交易时管理你的资金的一种方式！"我会辩论。似乎熟悉我作品的人都认为我在试图倡导一种方法——一种体系。

这大约花了我五年时间，并对此主题做了更多工作来进行改善。我在《投资组合管理公式》一书中真正想要指出的是，无论我们是否承认，我们大概是处于 f 曲线中的，而且，考虑到与此相关的收益及后果，我们可以对于在开始交易时该做出什么决定。换句话说，我正试图表明现在我知道如何正确描述一个框架。

框架是看待事物的一种方式——它是一个视角，然而又不止于此。它往往是视觉上权衡和理解我们的行为产成的后果与结果的一种方式，以这样一种方式，我们获取有关我们的行为的信息，除非我们在既定框架内观察，否则，我们无法获取到这样的信息。

框架是看待我们的行为所产生的收益与后果的一种方式，适用于交易中的所有人，无论我们承认与否。模式是一种新型方式，通过创建一种资产配置模型，使得我们能够在这个新型框架内看待事物。

本书涉及到用于投资组合构建的一种新框架，它还为其提供了模式。旧框架以各种形式已经存在于过去四十年的时间，作为竞争实体展现风险和收益。这个新框架不是发端于那个视角。相反，它有关于在杠杆空间的 $n+1$ 维场景中找到最高点，n 是投资组合中组成部分的数量。（组成部分不需要是市场体系；也就是，它们可以是每个组成部分的结果情境的集合。这很重要，因为这让书同样适用于非系统交易者。）与此最高点相应的投资组合是几何（增长）最优的组合。本书将为在此新框架下的最优投资组合决策展现一种方法（一种模型），我称之为杠杆空间模型。

其次，我过去所写的一切都与渐进支配有关。也就是说，我过去所写的方法一直都是从长远看会产生最大收益的。本书很重要，因为它将告诉你如何实现支配。也就是这本书将向你展示如何管理账户中的资金，从而趋向于在任何既定时间点都是可掌控的，而不仅是从长远来看。这对于那些在真实世界中实践这些方法的人来说是一个巨大的进步；现在一个资金管理者可以使用一种方法来确保一个账户将会有更大的可能性在任何既定时间点获得最大的收益。

前 言

我认为这是一本有需求的书。投资组合构建的早期范例仅将杠杆视为投资组合构建的一个后期结果。本书将以其最好的方式描述出，在衍生品杠杆交易途径变得越来越普遍的世界中，我们不再将杠杆归为居于次要地位。

另外，本书呈现的新模型对于分析行为有一些十分有趣的启发。那就是，新的模型隐含着分析行为不似人们以前所认为的属于一种选择与时机。相反，分析行为应该是未来可行性的一个可察几率。在新模型下，分析行为可以获得超过之前那个过分简单化的选择与时机行为的收益。新模型充满了来自于分析行为的可能性，为选择与时机提供了一个新的数学精准性。

致　谢

在完成这本书时，有一些人曾给予我帮助，或者对我的思想有所影响。但很可惜，其中许多人在金融机构工作，因此，我不便在此提及他们的名字。然而，他们会知道我所指的人，会感受到我的谢意，以及他们对本书产生的影响。这本书的成果绝不能仅仅归功于我个人，但是，在这种情况下，给予这些人应得的荣誉的话，同时也会对他们造成伤害。我绝对不愿看到这样的结果。

另外，我必须要感谢约翰威利国际出版公司的一些人，尤其是卡尔·韦伯（Karl Weber）及迈尔斯·托姆森（Myles Thompson），尽管我的法意混合性格使我不容易相处，他们却设法再一次出版本书。在1989年末，这个理念最初的核心的手稿被所有出版商驳回，只有威利公司接受，威利在第二年就以《投资组合管理公式》这一书名出版。我始终觉得这很有趣：我视为第一选择的出版商也是唯一一个愿意冒险使用第一卷的内容的出版商，而那些仅次于威利的出版商却拒绝了。我很庆幸约翰威利国际出版公司雇佣了有着如此耐心与洞察力的人，我甚至更加庆幸他们有点不幸地要与我共事。

我还要感谢我的朋友迪克斯·哲登（Dixie Jerdon）以及戈登·尼克斯

(Gordon Nichols)，他们愿意容忍我，并且从某种程度来说，他们对这本书的完成也有贡献。如果在我做职员的日子没有遇见戈登，那么我绝对不可能踏上写作这条道路。

这本书的完成还要感谢"第一十月"交易公司的工作人员，弗莱德·豪利（Fred Howley）、大为·思达斯科（Dave Stasko）、格雷格·金（Greg King）、汉克·吉列特（Hanker Gillette）及克里斯·弗利诺（Chris Fleenor）。他们改变了我看待市场及生活的方式。我还要感谢每周二下午一起吃午餐的朋友们，乔治·索默（George Sommer）、大为·朗格（Dave Lange）及哈里·罗格纳（Harry Roegner）。

我绝不能忘记感谢我的祖父拉尔夫·温斯一世"布巴"，他在1906年还是6岁的拉尔夫·达芬奇，他来到美国，未来将要加入全国橄榄球联赛，对抗吉姆·索普（Jim Thorpe）。我对他的尊敬无法用言语表达。尽管我们通常都会有分歧，但在我最困难的时候，他都会在我身边帮助我。

我的父亲拉瑞·温斯一定会很喜欢这本书的。他对我的帮助与任何人都一样多，在我还小的时候，他通过解释克利夫兰的卡内基街道的交通流量与红绿灯时间安排，引起了我对最优数学方案的兴趣。

我还要感谢我的母亲莱吉安娜（Rejeanne），她或许是我所认识的最聪明的人。从许多方面来说，我都不是一个注重实际的人。我说她或许是最聪明的人，是因为她显然是最注重实际的人。在我确实需要他人的意见时，她总是会提出最好的，即最实用的建议。我只希望我也能为她这样做。

我也十分感谢拉瑞·威廉姆斯对这本书及其上一本书的贡献。我在这方面的一切成果都要归功于拉瑞及其独特的"童心"的求知欲。这一切都是拉瑞引导我开始的，如果我不是有幸可以为他工作，这一切都不可能发生。这不仅是我的成果，也是他的。

我最应该感谢的还有理查德·威尔基（Richard Wilkie），不仅因为他为我提供了一个绝佳的机会，被介绍给"第一十月"交易公司，还因为在我经历低谷时依然毫不动摇地支持我，我十分感激。

我个人觉得，近一年的时间对我来说尤其艰难。最后但绝对同样重要，我必须感谢维基·德维特，不仅因为她在我的写作期间对我的耐心，还因为她对我的帮助以及在我困难的时候为我做的一切。她对这本书、对我、我的生活与思维过程的影响都贯穿于这本书中，我也希望她出色的个性也能从书中体现出来。

以上所表达的感谢还远远不够。

目 录

第1章 一个新框架 …… 1

为什么这个新框架更好 …… 2

新框架的概念综述 …… 7

同时参加多场赌局 …… 12

新旧框架的对比 …… 17

一种新的分析方式 …… 19

统计独立性 …… 20

f 的发展史 …… 21

预估几何均值（或收益离差是如何影响几何增长的）…… 28

为什么 f 是最佳的 …… 33

他们不喜欢它 …… 36

简介用最优 f 值进行投资组合 …… 37

关于下跌及分散投资的不合理理念 …… 39

下一步 …… 41

方案设计 …… 43

方案图谱 …… 56

附录一　通过增加国内生产总值方差降低赤字 …………… 58
　　附录二　管理费的权责发生制及时域加权的误导性本质 …… 60
　　参考文献 ……………………………………………………… 64

第2章　资金收益增长、效用与有限流的规律 …………… 67

　　人口数量增长 ………………………………………………… 70
　　最大化预计平均复合增长率 ………………………………… 74
　　效用理论 ……………………………………………………… 86
　　预计效用定理 ………………………………………………… 87
　　效用偏好函数的特征 ………………………………………… 87
　　关于经典效用理论的另一种观点 …………………………… 91
　　找到你的效用偏好曲线图 …………………………………… 93
　　效用与新框架 ………………………………………………… 99
　　参考文献 ……………………………………………………… 103

第3章　涉及相关性的条件概率 …………………………… 105

　　发生次数（频率）及概率 …………………………………… 107
　　条件概率理论 ………………………………………………… 130
　　两个连续分布之间的联合概率 ……………………………… 138
　　估算联合概率 ………………………………………………… 139
　　参考文献 ……………………………………………………… 143

第4章　一个新模型 ………………………………………… 145

　　数学最优化 …………………………………………………… 146
　　目标函数 ……………………………………………………… 147

数学最优化与求根 ················ 155
最优化方法 ···················· 156
适者生存 ····················· 160
遗传算法 ····················· 162
重要提示 ····················· 167
参考文献 ····················· 168

第 5 章 投资经理的资金管理 ············ 169

实施这个新模型 ·················· 170
活动股本及闲置股本 ················ 171
再分配 ······················ 183
投资组合保险与最优 f ··············· 187
活动资本上限与利润限制 ·············· 194
股票交易 ····················· 196
f 的转变及构建一个稳健的投资组合 ········ 197
通过再分配调整一个交易计划 ············ 198
梯度交易与持续优势度 ··············· 200
关于 $n+1$ 维格局图峰值左侧的重点 ········· 210
亏损管理与新框架 ················· 221
投资分析的一种新功能 ··············· 227
参考文献 ····················· 229

引　言

离家，走出去

　　归根结底，本书是一本自传。大约在高二的时候，我收到了一封信，是我上高中的学校寄来的，信上写的是："离家，走出去。"那是一所男子学校，由信奉耶稣的牧师管理，那真是一个绝好的地方，有很多像我一样聪明的孩子。

　　那是有关我与正规教育的事。我对正规教育并没有偏见。如果我接受了更多的正规教育，也许我会过得更好。但那些牧师与我矛盾很多。

　　我真的很庆幸他们那么做。我的数学是自学成的。我发现通过正规教育获得的知识与出于极度需求而挖掘到的有着根本区别。前者的失败表现为低分的窘迫，而后者的失败则意味着毁灭了你所认识的世界。那种知识起着作用。

　　不久后，我在一家经纪行的后勤办公室任职保证金办事员。刚开始，我对这份工作很不屑。我负责监管除直接购买以外的正在进行的任何交易类型的期权策略账户。保证金要求还不能计算机操作，我们必须计算出账户的期权交易的所有支柱配对，以达到最低的保证金要求。

这份工作让我深思。逐渐地，我发现自己被那里的气氛以及所涉及的数学深深吸引。最终，我喜欢上了这份工作；我喜欢上了市场的日常活动。我喜欢这个理念——市场是最公正的竞技场，它不管你是谁，不管你的教育背景怎样，不管你的种族、性别、年龄，在这里什么都没关系！这体现的是机会。它是来自于另一个世界的巨大、笨重的怪物，你不能向它扔炸弹，它对任何人一无所知。它会迅速毁灭你，也会因你承担风险会带给你回报。

我发现自己期盼进入每天的工作了。

那时微型计算机刚出现。金融期货正处于初期阶段。期货选择权及其他衍生品即将诞生。我自然而然地就与电脑和市场形成了密切关系——这是两件事物在适当时候一起为我服务的幸运的事情。

在1986年，我恰好十分幸运地在早上4点接到了同行拉瑞·威廉姆斯（Larry Williams）的电话。我知道他是谁。他是机械交易系统之祖。那是在上世纪80年代，那时真的很繁荣。拉瑞·威廉姆斯是管理期货行业的较为重要的角色之一。对我来说，他也是其中最有吸引力的。拉瑞在我的电话答录机上留言，勉强能听清，向我说了一些他希望能开发的交易系统观念。

这份规划很快占用了他全部时间。

关于拉瑞·威廉姆斯的一件事：如果他有一百个全职程序员为他工作，对他来说也是不够的。在北极附近，拉瑞的商店是世界上最有趣的地方之一。他的头脑里有着30圈的圆形广场，有各种各样的项目，从普通的到奇异的，从交易市场到发现摩西是在哪儿穿越的红海——都是即时进行的。来自世界各地的人都在为拉瑞的这些不同的项目工作，他们一直都会被调用，有经纪人、佣兵、科学家及怪人。那里特别混乱，我几乎都要心脏病发作了。仅在市场调研方面，拉瑞就比大多经纪公司的研究部门在任何一次进行的工作要多。

我看到拉瑞在市场上赚取（及损失）我所认为的一大笔钱。他是真正能以完整最优数量进行交易且能够经受伴随的跌落的少数人之一。

拉瑞进行的一件事就是研究资金管理理念。那是我能真正完全理解的。它让我能够理解我在市场中及他的交易中所观察的事物，也引起了我对数学的求知欲，这些共同制成了一份美妙的沙拉，从来没有什么能像它这样吸引我。

我对资金管理与最优配置空前地感兴趣，以致我不再能集中于规划交易系统了。该是我集中精力从事这份合适的全职工作的时候了。那是我认为很重要的事情。

无知是问题所在

一个我非常关心的人在不久前由于身患绝症而去世了。在无边宇宙中，物质不能被创造，亦不能被毁灭，（对我来说）宇宙中最珍贵的东西——生命能够被创造和毁灭是不合常理且遥不可及的。这在逻辑上不可判断。尽管如此，这依然对我是一个打击。

我不禁认为问题不是这个人患有这种不治之症。问题是我不知道如何治疗，也不知道谁能治好这种病。

事实上，无知往往是造成我的大多数（如果不是全部）问题的罪魁祸首。问题实际上并不是健康不佳、资金不足、贫穷、偏见、我们自己的体力限度或其他东西造成的。

无知——或缺少知识——也可能是你的问题。这一刻，你不知道这个事实：因为地球绕着太阳旋转，你正在以 30km/s 的速度在空中旋转！从地球的北极上看，你不知道地球是绕着太阳以顺时针还是逆时针方向转。你不知道时间是连续的还是不连续的——也就是，像电影画面一样的微不可察的小"数据包"存在吗，还是时间是持续流逝的？

你不会倒着阅读这本书，即使这样做就像以所谓的正常方式阅读一样合乎逻辑。你甚至根本不会想到仅为了对事物有一个不同的视角而这样做，即使一旦你习惯了，这就不再有困难了。

因为有人说某事是这样的，并不意味着那就是正确的。因为其他人接受惯例，并不意味着我们也必须这样做，或者接受了传统就会过得更好。你认为测定入口和出口的时间会让你成为一个更好地商人，因为那是约定俗成的理念，别人都是这样告诉你的。你认为资产配置仅仅是进行最大化收益及最小化风险，因为那是公认的理论。

所以请不要把本书中的内容作为真理信奉。走出去，把你的电脑砸碎，或者在纸上运算出数学题，向自己证明这些观念。否则就只是继续无知。

这是一本关于在未知结果面前做出决策时，更确切地说，是关于为市场交易决定最优投资组合摆脱无知的书。人们都不知道的是，除了极少数的几个人，没有人意识到这对交易者是多么的重要。这对交易者是生死攸关的。

市场择时基本上与这不相关。

结构与格式

我希望能影响尽可能多的读者，不仅是用这本书，还有之前的那些。所以我以书的形式呈现这些资料。书对于信息接受者来说便宜得多，也更容易获得，往往也比其他方式更有趣。

引 言

读过本系列前两本书的人可能熟悉的一些术语，而对于没有专注于本书的人来说值得重申。第一个是"市场体制"的概念。简单地说，它指的是通过特定的途径进行交易的特定市场。例如，如果我有两种途径来进行交易——途径 A 和途径 B，而且我有两个市场可考虑用来交易，市场 J 和市场 K，那么我就有四种市场体制，我可以使用途径 A 与市场 J、途径 A 与市场 K、途径 B 与市场 J 或途径 B 与市场 K。

其次是"单元"的概念。"单元"是你愿意考虑在特定市场交易的最小的面额数量。规格取决于你——用户。例如，你可以决定一个单元是一股股票，或者你也可以决定它是一百股的交易单位。你可能决定一个单元是一份期货交易合同，或者你可能决定它是一份小型期货合约。一般来说，你把面额确定得越小，你就越能更好地实现新框架。

本书中很多内容有关数学——比我本愿意引入的要多，尤其是当我正试图让外行人理解，但那对于充分展示材料都是必要的。为做出应对，我试图使文本部分尽量浅显易懂、易于理解、有吸引力，就像你我正在对话，因为如果不是以书本的形式完成，就完全不会让人认真对待。我希望这不会减弱本书的严肃性。我个人认为生活中开始于太多的醒悟与葬礼，乐趣是一定要你自己创造的，它不会自己从天而降。

没有任何数学是你学不会的。你们很可能在正规教育中比我学得更深。不要被数学吓倒，如果你想学，像我一样，你就能够做到，无论它看起来多么复杂。

过去，有人对我选择数学符号提出批评。我一直都试图避免使用我认为模糊的数学符号。例如使用某些符号，还可作为分组操作符。其中普遍使用的有根号（这意味着在根号下的符号都是引入括弧内的）及分数线（分数线之下的符号——分母被认为是引入括弧内的）。好吧，听他们的。在本文中，我将同意使用这样模糊的符号，但我并不鼓励使用。如果这能使读者更容易理解，那么我就这样做。此外，我会避免使用脱字符号（^）来表示取幂，而是使用指数的传统写法。然而，我坚持使用星号（*）来表示乘法，而不是使用传统使用的各类表示乘法的符号，那些只会造成混淆。这样做的目的是消除混淆——不然何不用罗马数字来写整篇文章呢！

假定你通过阅读前两本书或其他人写的关于这些理念的文章，至少基本熟悉了这些理念的一部分。同样，我也假定你比较精通大学水平的数学。考虑到你也许不是这样的，我必须告诉你不要担心书中涉及的数学——交给计算机来解决——而应该集中于理解这些理念。

我试图提供很多例子。我希望这本书简洁明了、要点分明。我想避免偏离正题，尽管我自然地会倾向于这样做。

希望本书能够对整个体系有点入门之效，其他人也许在自己进行新的理念研究时发现有益之处。

第 1 章　一个新框架

我本不愿写这本书的。我在上一本书《资金管理的数学》(The Mathematics of Money Management) 中说过，那将会是我写的最后一本书。

一些有趣的事情发生了。

人们给我打电话或写信，因为他们急切地想要了解这些理念。他们来自世界各地，有着不同的背景——有医生、辍学者、工程师、法官、商人，还有健谈者。这些人不仅在他们自己行业内属于专家，还至少精通一个其他领域。一般来说，他们在其他领域的知识都是完全靠自学的，而且往往在自己的专业领域上也是自学成才。他们完全相信没有任何事是其无法解决或理解的。他们需要对于这些理念进行思考，需要学习新事物，就像绝大多数人需要氧气一样。我对这些人很感兴趣。通过我与他们的通信，许多新素材冒出来了——引入本书中——我在书中把我从前在此领域所做的一切都连结起来了。尽管这一切都不复杂，但有些却几乎把我逼疯。我几乎不遗余力地探索一些问题的解决方案——或者是近似的解决方案，虽然这些问题看起来都很简单。要不是为了这些人能继续探索，我早就不会让自己再看任何这类事物。他们引起了我的兴趣。

自从上世纪 50 年代提出正式投资组合构建时，人们就试图将最优投资组合作为两种对立体——风险与收益的功能。目标就是最大化收益，最小化风险。这是过去的范式。人们就是那样教育我们如何思考的。

以下是引自库恩（Kuhn）的一句话：习得一个范式并理解更深奥的研究，标志着任何既定科研领域发展上的成熟。

投资组合构建也就是这样一回事。在第二次世界大战后，投资组合构建有了数学精确度，这在之前是不存在的。早前它就像许多其他领域一样，是实例收集阶段，每个数据看起来都同等重要。然而，随着那些范例呈现出所谓的"现代投资组合理论"的数学特征，即均值方差模型，也就出现了更深奥的研究。

初期范例的突出问题是从来没有对风险进行明确的界定。起初，人们认为风险是收益差。后来，有人称收益差可能是无限或不明确的，收益差并不真的就是风险，而灾难性损失才是风险，风险的定义变得更加模糊。

克服无知常常需要一种新的看待事物的方式。新的框架力图发现最优投资组合，但不是在风险和收益作为对立体的背景下发现。

为什么这个新框架更好

近四十年以来，投资组合都被设想在一个二维平面上构建，收益构成了垂直轴，而风险——事实上是风险的一些替代指标（谁知道风险的真正含义）是水平轴。这个二维平面的基本理念是要在既定风险范围下获得尽量高的收益，或者是在一个既定收益范围下承担尽量低的风险（见图1-1）。这个旧框架很久以来都被视为像凯撒之妻一样不容置疑。

第 1 章 一个新框架

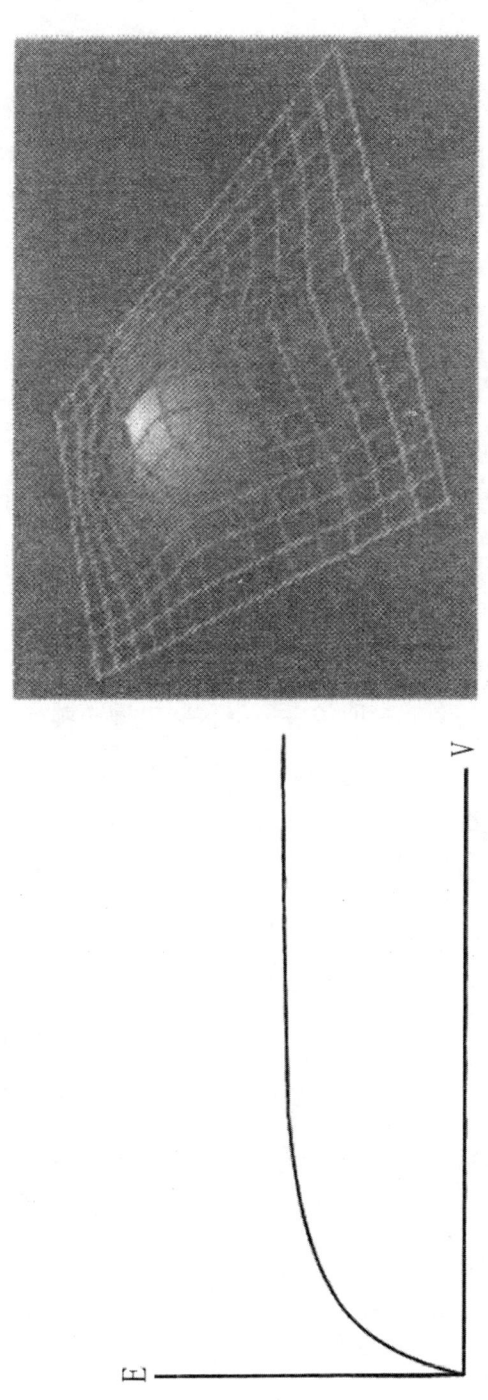

图 1-1 左为旧框架的概念视图，右为新框架的概念视图

在此呈现的新框架是看待投资组合构建的一种全新方式，不同于从二维层面以收益与风险对立的观念看待投资组合。选择新框架而不是旧框架，有着许多原因。

在新框架下，E 和 V（均值和方差）可以被视为对于决定一个格局的高度的投入。

新方法更好，是因为投入不再顺着预期收益和（比较模糊的）预期收益差或风险的一些其他替代指标的走向。这个新模型的投入是投资所取得的不同结果的不同方案（收益的实际分配的一个更精确的近似值）。现在，不再对预计收益及那些预计收益差这样的东西进行估计，投入更接近于投资经理所想的那样，如有 5% 的可能性产生 x% 的收益或损失等等。现在，投资经理甚至可以将有着非常细微可能性的方案投入到新模型。

投资经理用于投入到新模型的是每个市场或市场体制（通过特定的途径进行交易的特定市场）的方案图谱。根据交易倍数、即时交易方案图谱，新模型可识别最优配置的每一个方案图谱。

此外，也许更为重要的是，新模型适用于任何收益分配！大多早期的投资组合模型往往在估计投资可能会产生的不同结果时，会假定一种常规分配。于是，最后——正面或负面的结果——都比在非常规的实际分配中的结果偏弱。也就是说，投资取得的正面及负面的结果在早期模型中都有减弱的倾向。通过新模型，不同的方案都包括最后的分配结果，你可以赋予其任何你想要的可行性。即使是稳定的帕雷托收益分布也能以各种方案为特征，并从此中识别出最优投资组合。任何分配都能建模为一个方案图谱；方案图谱可以假定任何合适的可能性密度形状，而且这很容易做到。你不必思考"与分配模式距离为 x 的几率多大"，而是思考"这些方案发生的几率多大"？

第1章 一个新框架

所以新框架适用于任何收益分配,而不仅仅是常规分配。因此,现实生活中的肥尾分配是可用的,方案图谱是进行分配的另一种方式。

最重要的是,不像早前的那些框架,新框架不是合成物,更多的是进展。它与杠杆有关,也是关于如何随着时间推移及账户中的收益改变来增加数额。

有意思的是,同样一件事可以有不同的表现。也就是说,杠杆作用(你所借的数额)以及如何随着时间推移来增加数额事实上是同一件事。

通常,杠杆作用被视为"购买某件资产要借贷多少资金?"例如,如果我想买 100 股 XYZ 公司的股票,每股价格为 50 美元,那么 100 股需要花费 5000 美元。因此,如果我账户没有 5000 美元,我应该购买多少股呢?这是杠杆作用的常规理念。

但是杠杆作用同样适用于借自己的钱。假定我账户中有一万美元,我要买 100 股 XYZ 股份。现在,假设 XYZ 上涨了,我的 100 股股份就获得了收益。我现在想买 200 股,尽管我的 100 股的盈利并不足 5000 美元(即 XYZ 没有达到 150 美元一股)。然而,我还是另买了 100 股。我根据计划在将来购买(或出售)的 XYZ 股份(或在我买 XYZ 时的其他股票)就是杠杆作用——无论我是借钱,还是用自己的钱来进行这些交易。从这个意义上讲,这就是构成杠杆的计划和进度。如果你理解了这个理念,你也就顺利理解资产配置的新框架了。

那么,我们了解到"杠杆作用"这个术语指的是为了在一种资产中持仓而借款的程度,或者是我们根据计划在一种资产中新建头寸(无论是否借钱)。

这也就是说,因为新框架的中心在于杠杆作用,我们可以清楚了解到它适用于投机工具,因为杠杆作用指为了在一种(投机)资产中持仓而借款的程度。然而,集中于杠杆作用的新框架适用于所有资产,包括最保守的资产，因为杠杆作用也指扩展，根据计划在一种资产中新建头寸（或出仓）。归根结底，杠杆作用在两种意义上都与市场择时一样重要。也就是说，每一个非常保守的债券基金的资产积累及脱手行动都与债券市场择时或债券选择进程一样重要。

因此，整个最优 f 理念不仅适用于期货及期权交易者，也适用于任何资产配置方案，并不仅仅适于投资工具的配置。

由于最近衍生产品交易盛行，如今的交易世界与几十年前大大不同。往往，许多衍生产品的主要特征是它们用于维持一个账户的杠杆作用。旧框架——旧二维 E-V 框架在处理这类问题上能力不足。现代环境需要一个新的集中于杠杆效应的资产配置框架。本书提出的框架正好解决了这个问题。

新框架优先于旧框架的主要原因是新框架集中于杠杆作用，任何其它原因都不是主要原因。如同旧框架一样，新框架向我们描述了资产的相对最优配置。但是新框架所做的不仅于此。新框架是动态的——它让我们得知随时间购进（及售出）资产计划的巨大结果及收益，并给我们一个框架、一幅图示，展示给我们通过这样那样的计划，我们可以期望什么样的结果及收益。图示上的某些内容可能更吸引有着不同需求与愿望的不同个人。可能对一个人来说最优的东西对另一个人可能不是。然而这个图示让我们了解通过按某一个计划行动，我们所收获与放弃的东西，早前的框架并没能做到。杠杆空间的这个特征、图示（请记住，杠杆在此有两层含义）在很多方面把新框架与之前的框架区分开来，这也让新框架更有优势。

最后，新框架优于旧框架，是因为使用新框架的人能更便捷地看到他（她）的行为产生的结果。在旧框架中，你会问"那要是在一个既定的风险时，我有更多的收益呢？"在新框架中，你可以确切地知道在这种情况下你处于什么位置,也就是说,为了在不同的杠杆水平进行操作(注意,全书中杠杆都有两层含义),你的起始投注确切地翻了几倍(与格局中的最高点相对),或为了在不同的杠杆水平进行操作,你期望什么样的最小损失。在新框架中,你可以更轻易地看到资产配置功能对你的底线与极限多么重要。

总而言之,新框架较之二维的风险与收益对立的旧框架更好,因为焦点在于杠杆作用的力度。其次,因为使用方案后投入更加明确,也因为它对任何收益分配都有效。最后,使用新框架的人将更容易看到他们的行为所产生的收益及后果。

新框架的概念综述

假设我提出与你赌一局,通过抛硬币决胜负,如果是正面朝上,你要付给我一美元,如果是反面朝上,我会给你两美元。

你可以通过取每种结果与其可能性的乘积,算出数学期望,往往称为优势(通常在书本中,包括本文,也称为期望值):

$$(运算)\ 数学期望 = \sum_{i=1}^{n} p(\alpha_i) * \alpha_i \qquad [1.01]$$

当 n = 可能的结果数

α_i = 第 i 个结果

$p(\alpha_i)$ = 第 i 个结果的可能性

因此,在我们的二对一的抛硬币中,$n = 2$:

(运算) 数学期望 $= 0.5 * 2 + 0.5 * (-1) = 1 - 0.5 = 0.5$

那么,你会预期平均每局赚 50 美分(但仅在你每局都投注 1 美元时)。

这样的话，你很可能会接受我的提议，进行这个抛硬币赌局。事实上，你知道如果某事听起来太好，以致让人无法相信，它很可能就是不可信的，那么你可能会质疑我的提议。那正与这个二对一的机会均等的赌局是一样的情况，或者任何其它赌局，包括使用一个交易系统。

大多数人都认为这是划算的赌局，因为他们占有优势。然而，他们只说对了一半。尽管你进行的是你占优势的赌局，但无论你占多大的优势，或者你的初始赌注有多大，如果不投注适度金额，你仍有可能输掉所有钱。

三个人去一个赌场，那里提供了这个二对一的抛硬币赌局。因为这是虚构的，我们可以提供一个有正面（运算）数学期望的赌局。事实上，赌场可以提供零运算数学期望的赌局。因为每个赌徒拥有的金额有限，这就创建了一个更低的吸收壁垒，迟早会达到这个壁垒——赌场依然能赚钱。

所以这三个虚构的赌徒——拉瑞（Larry）、克里（Curly）和莫（Moe）走进一家赌场。他们每个人都有不同的个性，对待风险的态度也不同。因此，每个人都在心中决定在每一局投注一定量的赌注。但是每个人的量都不同。莫决定每一局投注 10%（0.10）的赌注，拉瑞的是 25%（0.25），克里 40%（0.40）。

图 1-2 的曲线图所示的是这个抛硬币赌局进行 40 局之后的情况。这个图的纵坐标以他们的初始赌注的倍数表示出他们可以赚多少，横坐标是他们每一局下的赌注的百分比。你可以注意到如果每一局下 25% 的赌注，就如同拉瑞那样，你可以赚到你的初始赌注的 10.55 倍。这是在这类赌局中投注的最优数量（最优 f）。同样可以看到，如果你与最优量仅仅偏差了 15%，也就是说，你在每一局投注 10% 或 40%，就像莫和克里一样，你就只能赚到初始赌注的 4.66 倍。偏离了 15%，你甚至不能赚到本可以在这个赌局中赚到的一半。显然，超额下注是没有好处的。

第 1 章 一个新框架

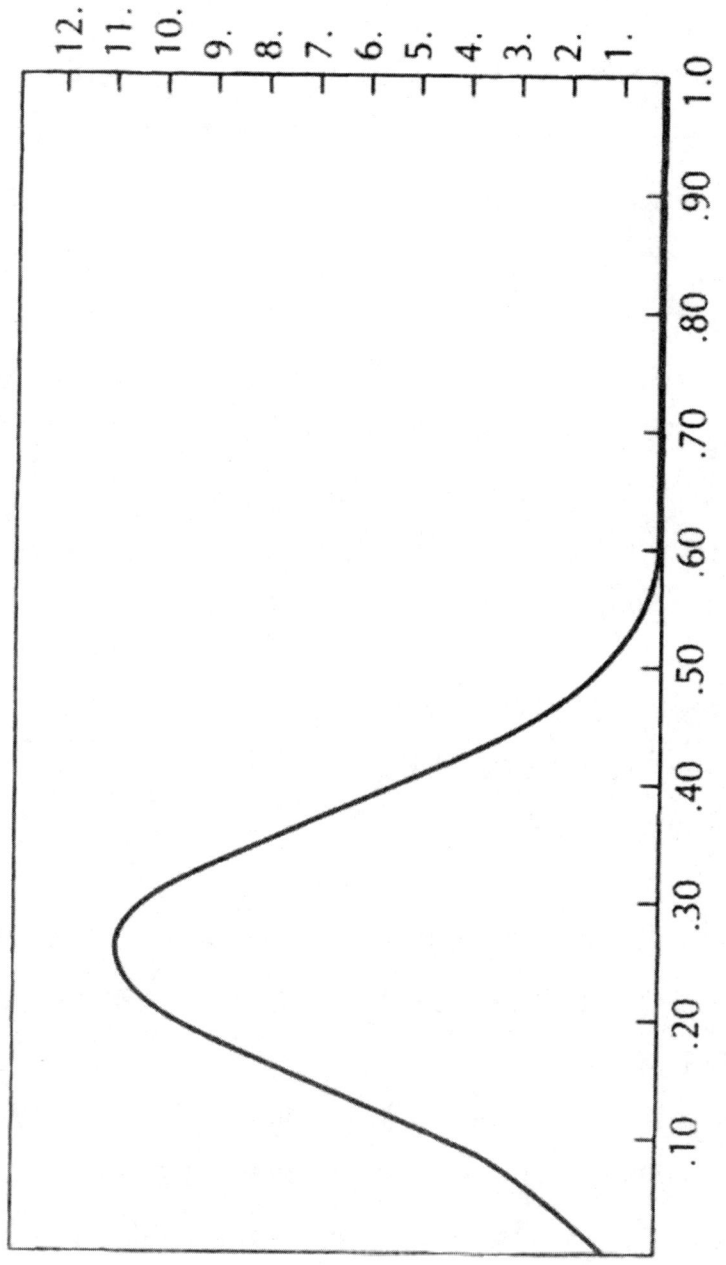

图1-2 二对一抛硬币赌局，40局。在每一局下不同比率的赌注后最终获得的初始赌注倍数

然而在赌场中，他们发现沙姆（Shemp）每一局投注51%（0.51）。他误以为在一场他占优势的赌局中仅仅靠大胆投注就能更快地赚钱。

从图中也能看出赌注在50%或更大时，最后的数值小于1。也就是说，如果你下注超过50%，随着这个本对你很有利的赌局继续进行下去，你很可能（几乎必然）会输光所有钱。

每一场赌注、每个胜利交易法都有一条如图1-2所示的曲线图。不同的体系的最高点与最低点也不同。但是，所有体系都有且仅有一条一个峰值的曲线图。仅仅找到你占优势的赌局并不够。你下的赌注也必须是适度的。无论承认与否，这个原则同样适用于交易工作中。

赌注量可以简单地称为 f。每个交易者都处于这个 f 图谱的某处：

$$f = \frac{\text{合同数量} * \text{每个合同的最大可感知损失}}{\text{账户中的资产净值}} \quad [1.02]$$

这个等式成立，是因为以下三个投入变量都是特定的：

1. 他此刻正在进行的交易合同数
2. 每个合同的最大可感知损失
3. 账户中的资产净值

因此，在任何时间点，我们可以将任何市场体系的交易者与他在此情境（它是二维的，因为只有一场赌局正在进行中）中所在之处相对应，并为他赋上 f 值。

无论交易者是否承认，这个事实都不会改变：有一个与他相关的 f 值存在，这个 f 值也与他在一个既定时间的既定市场体系中的位置有关。即使交易者正进行同一个合同，例如说是黄豆交易，他还是一直都处于 f 值中。假定他的系统可盈利，他的账户资产净值增长，除非他增加合同

第 1 章　一个新框架

数量，否则他的 f 值就将会随着他的账户资产净值增长偏向左侧（也就是会降低）。无论如何操作，每个交易者都有一个 f 值，始终对应着每个市场的每个位置，无论他是否意识到都是这样的。

为什么这很重要呢？因为这个函数永远都有一条曲线图，而且只有一个峰值（如果这个体系是可盈利的）。交易者的 f 值位于峰值的哪个位置表明他考虑的是什么样的收益、什么样的损失等等。例如如果交易者的 f 值在峰值左侧，也就是说，有一个低于最优值的 f 值（也可以说有低于最优量的合同），就像莫一样，那么他将在数学意义上降低他的损失，而在几何意义上降低他的收益。然而，如果偏向峰值右侧，也就是说，有一个高于最优值的 f 值（也可以说有高于最优量的合同），就像克里一样，那么他又在几何意义上降低他的收益，就像如果他有太少的合同也会这样；但他将在数学意义上增加他的损失。注意莫和克里在四十局后都赚到了初始赌注的 4.66 倍，而克里的最小预计损失是莫的四倍那么大！显然偏差到峰值左侧比偏向右侧更好，也就是低于最优量比高于最优量要好。

在某种时候，根据体系，在曲线图峰值的右侧，曲线会跌到 1.0 以下。这意味着以这个水平交易时，就像沙姆一样，交易者最后一定会破产。无论看起来可能有多好，所有系统都有这样的点。

所有这些并不是说我笃定地相信，你必须处于 f 曲线图的峰值。而是说你可以通过这个达到你所想要的，但这些涉及的都只是权衡问题。

但你现在应该看到一个框架开始出现了。

那么注意到我们位于 f 曲线图的哪个位置与我们的市场系统或方法有多好、我们作为交易者有多好、或者我们进行的市场择时有多合适是一样重要的。一个不好的系统如果只能略微地获得盈利，只要以 f 曲线图的峰值进行交易，也能够很成功。一个很出色的系统如果以错误的 f 值进行交易就会很失败。事实上，如果以 f 曲线图上的一个不合适的点进行交易，这会让交易者损失资金，最终使他破产。有人可能会问，既然这些行为没有数量选择重要，为什么交易者花那么多时间和精力分析市场，做出交易选择。此外，最终交易者不能保证接下来的交易会成功还是失败，但他们完全能控制他们投入到那场交易中的金额，这也是一样重要的。

然而，通常没理由不选择处在 f 曲线图的峰值处。注意莫是在峰值的左侧。他明显想要比其他人更直接的权益，而且愿意在几何标度上舍弃收益。如果你也像莫一样，想要一条直接权益的曲线图，那么就去买 90 天的短期国库债券；不要做弱化的投机账户的交易（远在 f 曲线图峰值的左侧）。

同时参加多场赌局

现在假设你将同时参加两场这样的赌局。每一个硬币都将在类似于第一场赌局的一个不同的赌局中使用。那么应该投注多少金额呢？这取决于两场赌局间的关系。如果这两场赌局之间并无关联，那么最适宜每一局下注 23%（图 1-3）。然而，如果这两场赌局之间存在着完全正相关，那么你必须在每一局下注 12.5%。如果你在每一局下注 25% 或超过 25%，那么随着赌局的进行，你将很快破产（这几乎是必然的）。

当你开始以超过一个市场体系进行交易，你就不再处于有一个峰值的线条中了，而是在一个有一个峰值的 $n+1$（n = 你交易的市场体系的数量）维领域中了！在我们的单场抛硬币赌局的例子中，峰值在 25% 处。那么就是一场赌局（$n=1$），也就是一个二（即 $n+1$）维格局（线条），有一个峰值。当我们同时参加两场这样的赌局时，那么就是有一个三（即 $n+1$）维格局在杠杆空间内，有一个峰值。如果硬币间的相关系数为零，那么第一场赌局的峰值为23%，第二场同样也是23%。注意尽管格局的维数增加了，它依然只有一个峰值。

当我们同时参加两场赌局，我们面对的是一个三维格局，我们必须在其中找到最高点。如果同时参加三场赌局，我们就要在一个四维格局中发现最高点。我们必须在分布图中找到峰值，分布图的维数等于我们所参加的赌局（市场及体系）数加一。

注意，随着赌局数量增加，峰值会变得越来越高，峰值与图上任何其它点之间的差异会变得越来越大（见图1-3、1-4和1-5）。因此，随着更多赌局进行下去，峰值与图上任何其它点之间的差异会变大。无论我们交易的市场或体系有多少，即使只交易一个，这都是正确的。

偏离峰值的后果很严重。可以回顾一下在单场抛硬币赌局中偏离峰值的后果。在同时参加多场赌局时，这种后果并不会减弱。事实上，当你在 $n+1$ 维格局图中偏离了峰值，你会比在单场赌局中更快破产！

无论我们是否承认这些理念，它们都会对我们产生影响。记住，我们随时可以用任何方法给任意市场中的交易者赋 f 值。如果我们正在进行单个市场体系的交易，而且偏离了那个市场体系的 f 曲线的峰值，幸运的话，可能会获得我们本应该获得的盈利的一部分，然而我们很可能会承受比原来更大的损失。如若不幸运的话，即使有一个非常盈利的系统，我们仍将会毫无疑问的破产。

当我们进行市场或系统的投资组合交易时，偏离 $n+1$ 空间中的曲线图的峰值的影响就被完全放大了。

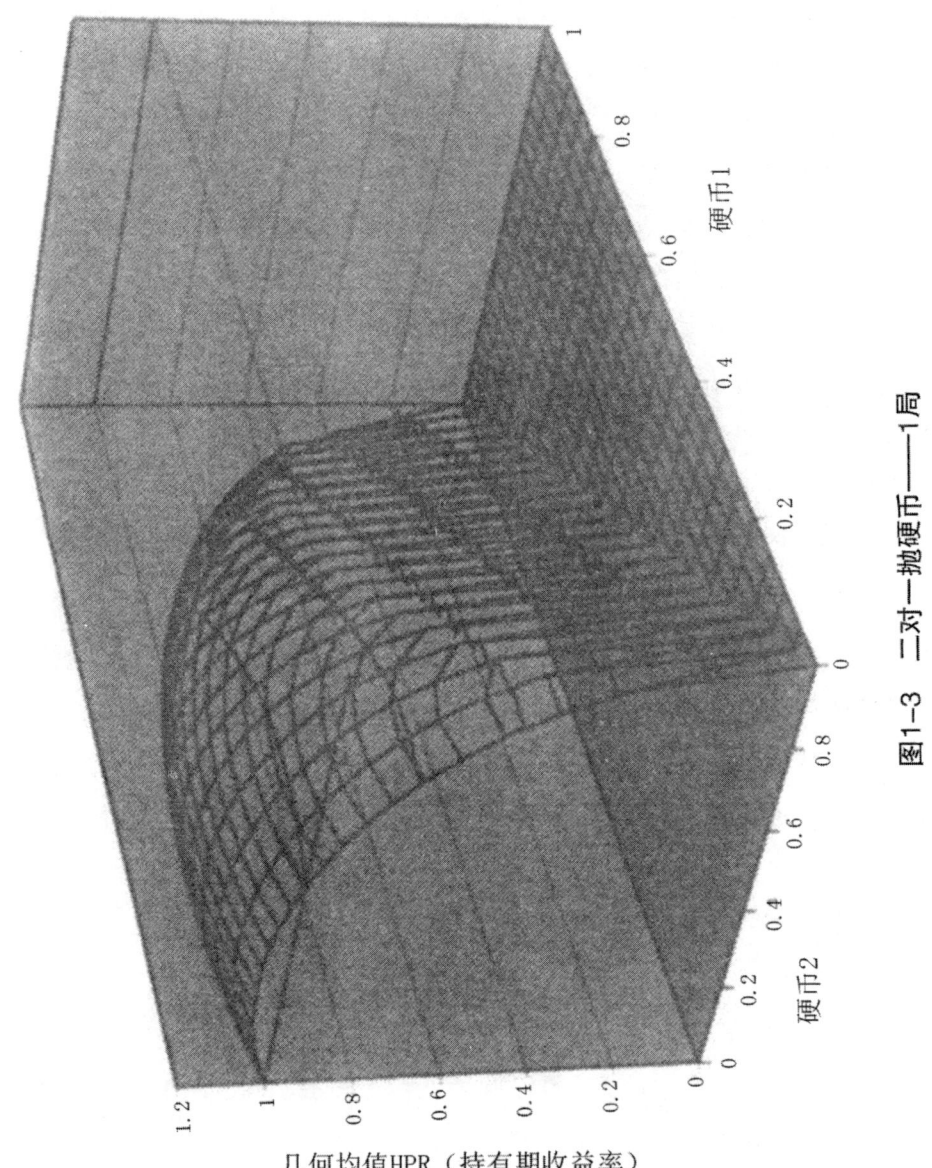

图1-3 二对一抛硬币——1局

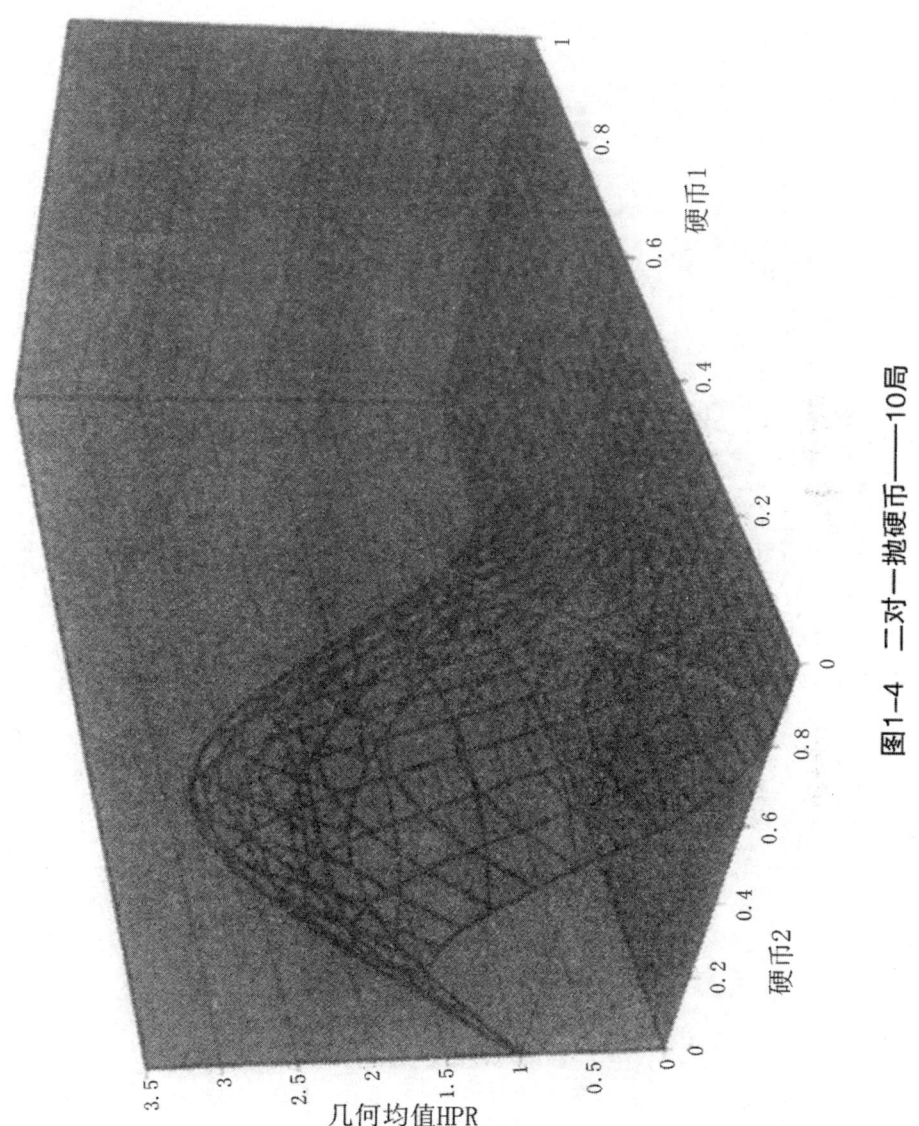

图1-4 二对一抛硬币——10局

资金管理新论：资产配置的一个新框架

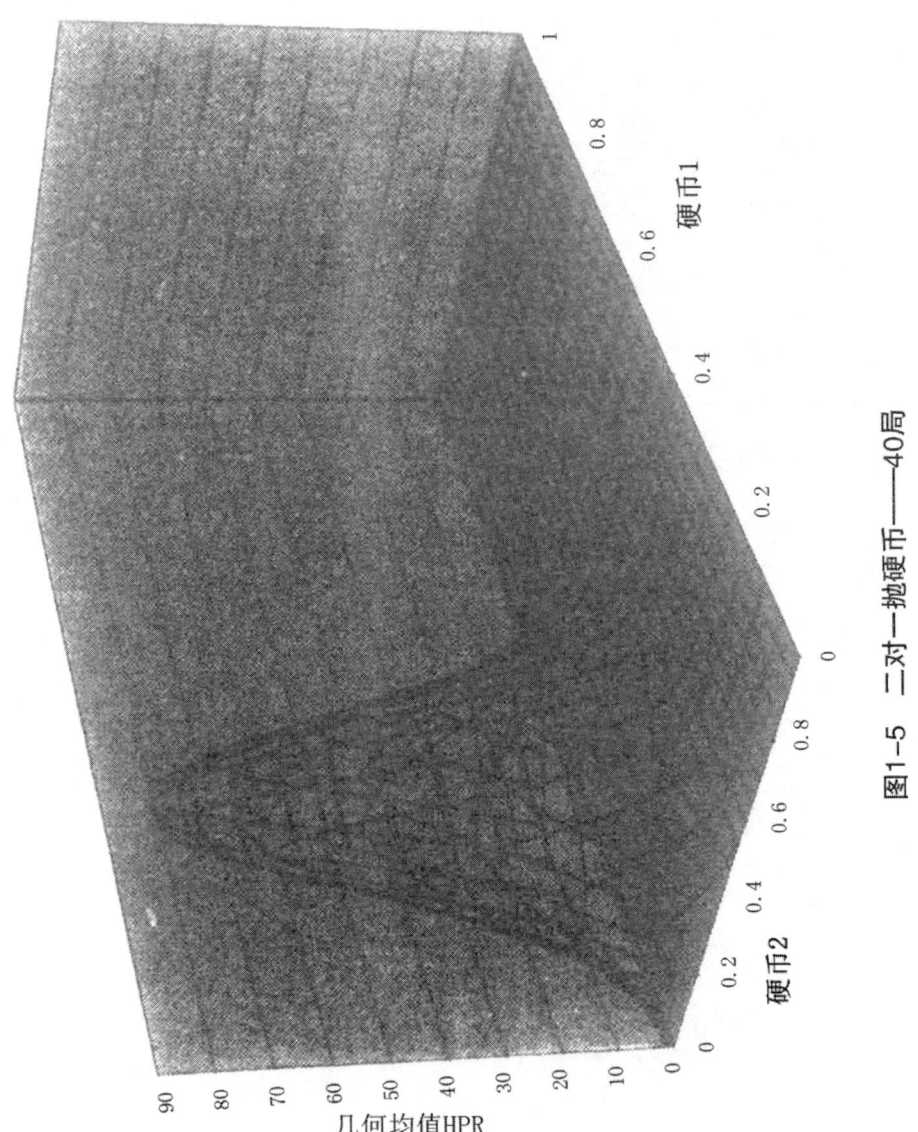

图1-5 二对一抛硬币——40局

第 1 章　一个新框架

新旧框架的对比

那么我们看看这个新框架与 $E-V$ 旧框架所产生的效果的一个简单的对比。

假设，为了简单起见，我们将同时参加两场赌局。每一局都会是我们已经熟悉的二对一抛硬币赌局。另外假设两两相关性都为零。新框架说明了三维（$n+1$）格局图的两场赌局的峰值——最优点都为 23%。

旧框架中，除了两两相关值为零外，均值——E 值为 0.5，而方差——V 值为 2.25。结果是通过旧框架，两局都产生了 0.5 的值。

这意味着每一局都应投注你账户的一半资金。但是这在杠杆方面意味着什么呢？每一局多少钱呢？如果一局一美元，那么我最多能输 0.5 美元，这远远超过了最优值 0.23。我该如何继续下注呢？正确答案——关于杠杆（包括我是如何继续下注的）的数学最优答案会是账户的 0.23。但是旧均值方差模型并没有这样说明。它们并不与杠杆（两层意义上）的使用同步。这个答案没有向我介绍我处于 n+1 维格局图中的哪个位置。此外，在 n+1 维格局图中，除了峰值外，还有其他重要的点。例如，我们会在最后一章中看到，在格局图中，转折点也是很重要的。旧 $E-V$ 模型对此并无任何说明。

事实上，旧模型仅仅告诉了我们在每一局中投注你一半的赌注是最优的，因为这样的话，就能在一定偏差程度上获得最高收益，或者是在一定收益水平有最小偏差。你想要使用多少资金作为杠杆是你的效用问题——关乎你个人的喜好。

资金管理新论：资产配置的一个新框架

但事实上是存在着一个最优杠杆点的，也就是在 $n+1$ 维格局图中的一个最优点。在此格局图中，也有其它重要的点。在交易时，你会自动地处于此图中的某个位置（重申一次，仅因为你不承认这个理念并不意味着它不适用于你）。旧模型忽略了这一点。新框架解决了这个问题，并首先让使用者意识到在一个最优投资组合中对杠杆的使用。简言之，新框架完全能比旧框架产生更多有效信息。

此外，如果交易者同时使用两种市场体系，那么他位于三维格局图中的哪个位置是最重要的？其所处位置与他的市场体系、择时或他的交易能力一样重要。交易者位于 $n+1$ 维格局图中的哪个位置至少 50% 地决定他能否成为一个好的交易者。

我很快了解到了这一切的问题所在：无论格局图中有多少维数，峰值都会变动。也就是说，系统是不稳定的。当然，我也不喜欢这一点。然而，这并不会否定这个事实：我们所处的 $n+1$ 维格局图中仍然存在一个峰值，而且偏离峰值的收益与结果也是不受影响的。

我们反复说过，无知的人——我称之为无知，是因为他们明显没有通过进行交易系统的电脑模拟，获得足够的模拟系统交易经验，也没有足够的实际系统经验——做出不实论断：所有系统最后都会被毁。我发现大多情况下，当人们做出这个论断时，并不是系统已经长期没有盈利了。它可能只是暂时没有盈利（即一次回挫），但如果系统基本还不错，有适当的稳健性，它将会重新获得盈利——也许不如曾经赚的多，但至少会产生边际利益。不是系统长期停止盈利，而只是 f 曲线图的峰值转变了——变成了在曾经峰值的左侧。因此，这个系统的交易者此刻会发现——尽管他没有意识到——自己到了曲线图峰值的右侧，即使刚开始他是在曲线图峰值的左侧！

所以我们很快就面临了两个问题：首先，在任意既定时刻，你如何适

时找到 $n+1$ 空间曲线图的峰值；其次，如何预测那个峰值将移到哪个位置？本书仅会试图回答第一个问题。

一种新的分析方式

从前，那些大体上不了解技术分析的人对技术分析师嗤之以鼻。如今，几乎每个可盈利的交易实体都使用技术分析。尽管基本面分析师依然存在，但是那些技术分析师无疑更备受瞩目。

一个系统无论有多好，找不到 $n+1$ 维格局图中的峰值的话，盈利就会更少。只要更好地理解格局图，即使是只能少量盈利的系统或交易者，也能比很好的系统或交易者赚到更多钱。盈利能力与交易者、系统或运用的理念没什么关系，而是取决于他们在 $n+1$ 维格局图中的位置。

然而，人们依然设法寻找更好的系统和分析方法。这类似于已经有了二对一抛硬币赌局的人在参加这个赌局时，依然会寻找有更大几率的赌局。他并不知道这个事实：即使他找到了一场几率更大的赌局，也必须找到那条曲线图的峰值。他仍然有可能会输掉所有钱。他不知道世界不是平的，认为他唯一需要的是一场更好的赌局。无论他是否了解，世界都是曲面的，无论他参加什么样的赌局，无论几率有多大，如果偏离了他所参加的赌局的曲线图峰值，他都会付出惨痛的代价。更糟糕的是，他要付出的代价会随着时间增长。

此外，用于系统性能的标准完全没有关于人们所处变化不定的格局图的说明。事实上，它们也许比其它一切都具误导性。一般交易的系统性能标准就是一个相关例子。不过我们真正应该考虑的是几何平均交易——每场交易的每部分能够赚到多少，它总是低于一般交易。

克服无知往往需要一种新的看待事物的方式，要求我们接受孩童的心理，没有任何设想，只是一页空白页。

一旦交易社区吸收了这个新理念，一旦他们了解到世界不是平的，技术分析师将会重蹈基本面分析师的覆辙。想要在市场交易中盈利的人更接近什么影响他们底线这个问题的真相。

一旦资产配置器出现，他们就将明白投资组合构建不是风险与收益的权衡行为，最优投资组合不是在二维 E-V 空间的定位。相反，他们会将其视为杠杆空间中的这个多形态格局图的反映，收益差（风险）只是一个问题，因为它降低了几何平均收益，改变了杠杆的最优使用。[1] 也就是说，收益差仅仅降低了此格局图的相对高度。[2] 这是为了在格局图中找到峰值，而不是关于收益与收益差的方便程度，虽然资产配置是传统做法。

统计独立性

在本书中，我们将假定一个特定交易方法的持有期收益次序与任何其他时期的持有期收益率无关，且根据同样的分配法独立分配。

---

[1] 本章中后面会说明，通过使用勾股定理，几何均值持有期收益率可能会与持有期收益的算术平均数和标准偏差十分接近。因此，持有期收益的算术平均数和标准偏差（离差）包含几何均值持有期收益率，$n+1$ 空间的高度。

[2] 这一切并不是为了暗示风险与收益是密不可分的。如果你想要高收益，你必须看到高风险。然而，我要说的是，因为有人不知道其所处的 $n+1$ 维格局图的情况，他们很可能就不是处于峰值的位置，那么很可能就距离他们真正假设的风险程度下的收益很远。

第1章 一个新框架

统计独立性有许多测试,也有对随机变量是否来自同样的分配的测试。我们不会在此重复一次。对此感兴趣的读者可以参考前两本书《投资组合管理公式》和《资金管理的数学》,以获得更详细的说明。

然而,如果有任何类型的统计独立性,那么交易方法一开始就不理想。交易者就可以将附属信息融入交易方法中,以进一步提高其盈利率。只有在统计独立性存在时,交易者也许才能说他对他的交易方法没其他事要做的了。

f 的发展史

大约在第二次世界大战结束时,一个匈牙利的数学家约翰·冯·诺依曼(John von Neumann)和阿斯克·摩根斯顿(Osker Morgenstern)一起把博弈论的理念以及他们关于此主题的经典论述《博弈论与经济行为》(Theory of Games and Economic Behavior)介绍给世界。这个理论最初是用于处理经济问题的。然而,这后来变成了二十世纪大量的珍宝之一,因为这个理论证实在军事战略、社会学和政治学方面也很有用,而且它产生了运筹学这样的新领域。事实上,博弈论为我们所带来的益处远不到极限,只是很多还没探索到。

在二战时期,远距离通讯是个较困难的问题。传输数据理念在早期阶段有很多问题,其中最严重的是杂乱的、似乎不可避免的电子噪音干扰着通讯。

1948年,克劳德·香农(Claude Shannon)在《贝尔系统技术杂志》上发表了一篇论文,名为《通讯的数学理论》,这篇文章推翻了我们现在

资金管理新论：资产配置的一个新框架

所称的信息论。简而言之，香农宣称二进制数字只要被适当地编码，就可以通过噪声信道传输，出错的可能性极小。

到1956年，信息论和博弈论这两个理念与J. L. 凯利（J. L. Kelly）如今很著名的论文《信息率的新解读》的内容相抵触。尽管这篇论文涉及的是信息论，但令人意想不到的是，它表明了一个赌徒如果最大化他的资金的对数的期望值，他会赚的更多。这与自帕斯卡时代起公认的理念完全对立：如果一个赌徒最大化其资金的期望值，会赚的更多，反之，凯利称他应该最大化他的资金的对数的期望值。这就变成了人们所知的凯利定律。

开始于1962年埃德华·欧·索普（Edward O. Thorp）的经典著作《击败庄家》，凯利定律开始摆脱专业晦涩性。索普普及了凯利定律。他确实表明了适用性，提出了所谓专业赌博群体渴求的有效公式。然而，贸易群体在接受这一切时，表现得很落后。尽管索普成功地让赌博群体相信凯利定律的有用性，但接受商贸学校风险控制教育的贸易群体依旧不为所动。

1980年，索普在《赌场时代》上发表了一篇文章，详细说明凯利定律。这些都在弗雷德·格姆（Fred Gehm）如今著名的《商品市场资金管理》中重述。就是通过这本书，贸易群体——也就是投机者或商人——开始接受凯利定律了，至少在小范围内，而不是大量的数学定向的交易者，他们以前就接受了这个定律。

直到1986年，一个叫拉瑞·威廉斯的交易者，立场明确，开始支持使用凯利定律。不久之后，很少有经验丰富的投机交易者不知道凯利定律。

简而言之，凯利公式满足凯利定律，也就是说，它们产生一个答案，我们称之为 f（就如索普一样），也就是为最大化你的资金运算期望值，你在每一局投入的资金比例。

这两个公式的第一个如下：

$$f = 2 * p - 1 \qquad [1.03a]$$

或 $\quad f = p - q \quad$ [1.03b]

当 $p=$ 赢一场赌局的可能性

　$q=$ 输一场赌局的可能性（因为这是 p 的补充，它等于 $1-p$）

然而，这个公式仅在你可以赢或输相同金额时适用。例如，如果我们有60%的可能性赢一美元，40%的可能性输一美元，那么：

$$f = 0.6 - 0.4 = 0.2$$

因此，我们会每局下注0.2或20%，以满足凯利定律。

当赢的金额或输的金额不相等（或者即使当它们相等时）时，可以使用以下公式：

$$f = \frac{((b+1)*p - 1)}{b} \quad [1.04a]$$

当 $p=$ 赢一场赌局的可能性

　$b=$ 在一场赢局中赢的金额与在一场输局中所输金额的比率

因此，对于一场就像我们之前提到的二对一抛硬币一样的赌局：

$$f = \frac{((2+1)*0.5 - 1)}{2}$$

$$= \frac{(3*0.5 - 1)}{2}$$

$$= \frac{0.5}{2}$$

$$= 0.25$$

因此，我们最好是每局投注25%。

注意［1.04a］等式中的分子等于［1.01a］的（运算）数学期望。因此，我们可以说：

$$f = \frac{\text{优势}}{b} \quad [1.04b]$$

由此，凯利公式也往往可表示为：

$$f = \frac{p - q}{b} \qquad [1.04c]$$

任意[1.04]公式都会满足凯利标准,或者像我说的,产生最优f,无论赢或输的金额是不是相同。对于[1.03]公式,赢的金额与输的金额一定相等。

然而,我的论点一直都是:这些公式仅适用于二项分布,也就是只有两个可能结果的分布。因为大多数赌博情形都只有两个可能结果(赢的结果及输的结果),所以这没有问题。然而,在交易中,一场交易可能会有很多结果,于是,我建立了一个公式,在有两种可能的结果时,会产生最优部分。

首先,我们必须理解持有期收益率(HPR)的概念。这只是一个既定交易的收益率加1。因此,10%的收益率等于1.10的HPR,就像25%的损失等于0.75的HPR。

但是,我们使用的收益率是我们所使用的f值的函数。因此,我们可以说HPR在数学上是如下:

$$\text{HPR} = 1 + f * \left(\frac{-\text{交易}}{\text{最大损失}} \right) \qquad [1.05]$$

现在,假定我们有T个交易;那么,我们可以将所有的交易相乘,表示为$HPRs$,并得到我们用起始赌注获得的倍数,我们称之为最后收益相关值(TWR):

$$\text{TWR} = \prod_{i=1}^{T} \text{HPR} \qquad [1.06]$$

或

$$\text{TWR} = \prod_{i=1}^{T} \left[1 + f\left(\frac{-\text{交易}\ i}{\text{最大损失}} \right) \right]$$

最后,如果我们把[1.06]等式开T次方根,我们可以发现每局的平均组合收益(也称为几何均值HPR)之后会变得更加重要:

$$G = TWR^{1/T} \qquad [1.07]$$

$$G = \left(\prod_{i=1}^{T}\left(1 + f\left(\frac{-\text{交易}\,i}{\text{最大损失}}\right)\right)\right)^{1/T}$$

但是，这些等式怎么能得出 f 呢？你发现 f 为使用一维探索最大化 [1.06] 或 [1.07] 等式（因为它们都是在同样的 f 值处最大化的）的 f 值。换句话说，最优的 f 就是最大化 TWR 或 G、几何均值 HPR 的 f。

例如，假定我们有两场交易（也就是说，T=2）；与我们的二对一抛硬币赌局一致，我们会说一场交易输 1000 美元，一场交易赢 2000 美元。作为 f 的一个探索方法，我们将使用较简便的方法开始测试 0.01 到 1.0 的 f 值。所以，通过 0.01 的 f，我们算出 HPRs。因为 T=2，所以只有两个与这两场交易对应的 HPRs：

交易	HPR
−1000	1+0.01 ∗ (−1000/−1000) = 1+0.01 ∗ (−1) = 0.99
2000	1+0.01 ∗ (−2000/−1000) = 1+0.01 ∗ 2 = 1.02

将 HPRs 乘起来，我们就能得到 TWR，0.99 ∗ 1.02 = 1.0098。那是与 0.01 的一个 f 对应的 TWR。接下来，我们试试 0.02，然后是 0.03 等等，然后继续下去，直到获得的 TWR 比之前的小。当我们在这儿进行到 0.06 的 f 值时，这种情况就会出现，这意味着曲线图的峰值最优 f 达到了 0.25。

那么，有一个这样的最优 f 值意味着什么呢？我们知道这意味着下那个百分比的赌注，但在交易市场时，下注 x% 时，应该投入多少期货合同呢？

在 1990 年的那本书中介绍了解决这个问题的方法，也就是最大损失交易的绝对值除以这个最优 f 值。结果是一个美元数字，我们称之为 $f\$$：

$$f\$ = \frac{abs\,(\text{有最大损失的交易})}{\text{最优}\,f} \qquad [1.08]$$

因此，如果我们有一个最优 f——0.25，并且我们有最大损失的交易是 −1000，那么

$$f\$ = \frac{abs(-1000)}{0.25}$$

$$= \frac{1000}{0.25}$$

$$= 4000$$

然后$f\$$数据就被分成账户股本，以确定进行多少合约（或者是股份）交易。因此，如果我们将一个合约用来交易示例中的股本的每4000美元，那么事实上我们每一局都投注25%。

因为赌注只能为整数，那么就要将账户股本除以$f\$$的结果以四舍五入法调低为整数，而且因为如果你会出差错，偏向曲线图峰值左侧（合约太少）比偏向右侧（合约太多）要好得多，所以应将所得结果调低取整，而不是调高：

$$交易单位数 = int\left(\frac{账户股本}{f\$}\right) \qquad [1.09]$$

所以，如果我们有一个25000美元的账户：

$$交易单位数 = int\left(\frac{\$25000}{\$4000}\right)$$

$$= int(6.25)$$

$$= 6$$

因此，我们就会进行6份合约交易。

一个单位指的是什么呢？一个单位可以是你所希望的一切。它可以是一个商品合约、期权合约、一份股份或者是100份股份。你必须确定一个单位对于你交易的项目来说是什么。然后，在进行一个单位交易时，计算HPR。也就是说，在交易中赢利或损失的金额都是基于你所定义的一个单位交易。然后，HPR就计算出来了，当你最终得到等式[1.08]——$f\$$时，你就会知道你账户股本中的每一$f\$$都交易了一个单位。

有时很难定义一个单位。例如，在银行同业拆放市场上交易外汇的人还有额外的问题，即交易大小是一个价格函数。因此，如果一个银行同业交易者要决定自己应该交易多少单位，就应该像在期货市场所做的一样，基于互惠交易，进行资金管理计算，然后转换回外汇。

因为在单位大小方面，你与预期标准的差距越小越好，也就是说，你与预期标准的差距越小，就有更多收益最大化的预期记录为你所用，你应该努力使你的单位大小尽可能地小。例如，你可能希望用一份股份的单位大小，而不是100份股份的单位大小，来处理交易时的零碎股。若不是进行完整的期货合约，也许认为一个单元是基于一个微型合约的。因此，如果说一个完整合约需要两个微型合约，你要交易十一个微型合约，那么你可以交易五个常规合约及一个微型合约。用这种方式操作，将使收益最大化的预期记录比大单位交易更好地为你所用。

（几何）数学期望就是你在每次交易每单位所赚。它比运算数学期望重要得多，运算数学期望往往又称为平均交易。（几何）数学期望即是实际平均交易，因为它是你在每次交易每个合约中的实际所赚，它是这样计算的：

（几何）数学期望 = $f\$ *$ （几何均值 HPR - 1）

因此，在我们的二对一抛硬币赌局中，尽管运算数学期望是 0.50，但在 0.25f 水平，几何数学期望是：

（几何）数学期望 = 4 * (1.060660172 - 1)

= 4 * 0.060660172

= 0.242640688

这是你在这个二对一抛硬币赌局中，每一局下注 4 美元时，每一局每单位真正能赚到的数目（不是 0.50）。

在本书中所提到的术语"期望"或者"优势"，应该指的是运算数学期望，而不是几何数学期望。

预估几何均值（或收益离差是如何影响几何增长的）

为了简明起见，本部分将使用一个投机例证来说明。我们可以假设两个体系：体系 A 将盈利 10%，而且盈利/损失率为二十八比一，体系 B 将盈利 70%，而且盈利/损失率为一比一。A 的每单位赌注的数学期望是 1.9，B 的为 0.4。因此，可以说体系 A 的每单位赌注平均收益将是体系 B 的 4.75 倍。但我们可以在确定的部分交易中检验这一点。我们可以通过将数学期望除以盈利/损失率（按照等式［1.04b］）找到各自最优 f。我们能得出 A 的最优 f 是 0.0678，B 的为 0.4。那么每个体系在最优 f 水平的几何均值为：

A = 1.044176755

B = 1.0857629

体系	%盈利	盈利：损失	ME	f	几何均值
A	0.1	28：1	1.9	0.0678	1.0441768
B	0.7	1：1	0.4	0.4	1.0857629

正如大家所看到的那样，尽管体系 B 的数学期望比体系 A 小四分之一，但每局盈利是体系 A（当在最优 f 水平处再投资时，A 平均每局盈利为全部赌注的 4.4176755%）的两倍（当在最优 f 水平处再投资时，B 平均每局盈利为全部赌注的 8.57629%）。

现在假设股本下跌 50% 时，将需要 100% 的收益来回本，那么：

第 1 章 一个新框架

1.044177 比 x 的幂等于 2.0，x 约等于 16.5，或体系 A 在经历 50% 的跌落后需要超过 16 场交易来回本。与体系 B 相比，在体系 B 中，1.0857629 比 x 的幂等于 2.0，x 约等于 9，或体系 B 在经历 50% 的跌落后需要 9 场交易来回本。

这是为什么呢？是因为体系 B 盈利率更高吗？B 胜过 A 的原因与收益离差及其对增长函数的影响有关。大多数人误认为增长函数 TWR 是：

$$TWR = (1+R)^T$$

当 R = 每一周期的利率，例如 7% = 0.07

T = 周期数

因为 1+R 与一个 HPR 是相同的，我们可以说大多数人误认为增长函数 TWR 是：

$$TWR = HPR^T$$

这个函数仅在收益（也就是 HPR）不变的情况下成立，在交易中的情况不一样。

交易（或 HPR 不是恒定的任何状况下）中的真正的增长函数是各 HPR 的乘积。假定我们在进行咖啡贸易，且最优 f 是每个合约 21000 美元的股份，我们进行两次交易，一次损失 210 美元，一次盈利 210 美元，HPR 分别为 0.99 及 1.01。在此例中，TWR 将会是：

$$TWR = 1.01 * 0.99$$
$$= 0.9999$$

通过使用预估几何均值（EGM），它十分接近几何均值，我们可以了解到一个事实：

$$G = \sqrt{A^2 - S^2} \qquad [1.10a]$$

或：

$$G = \sqrt{A^2 - V} \qquad [1.10b]$$

当 G = 几何均值 HPR

A = 运算均值 HPR

S = HPR 的标准偏差

V = HPR 的方差

现在我们把等式［1.07］和［1.10a 及 b］带入 n 的幂中以估计 TWR。这将与乘积增长函数十分接近，即等式［1.06］的实际 TWR：

$$\text{TWR} = \left(\sqrt{A^2 - S^2}\right)^T \qquad [1.11]$$

当 T = 周期数

A = 运算均值 HPR

S = HPR 的总体标准偏差

我们由此可以从数学意义上了解到运算平均交易（HPR）的增长与 HPR 的离差（标准偏差或方差）的权衡，因此也就理解了为什么 70%一比一体系比 10%二十八比一体系更好了。

我们的目标应该是最大化这个函数的系数，以最大化等式［1.10a 及 b］：从字面意义上说，也就是要最大化 HPR 总量平方减去 HPR 方差的平方根。

预估 TWR 值的指数 T 是独立的。也就是说，T 的增长并不会构成问题，因为我们可以增加我们关注的市场数量，交易更多短期体系等等。

我们可以将等式［1.10a］重写为：

$$A^2 = G^2 + S^2 \qquad [1.12]$$

这让我们明白我们可以确切地设想这些有什么关联。注意这个等式是我们熟悉的勾股定理，直角三角形斜边的平方等于其直角边平方和（图 1-6）！但在这里，斜边是 A，且我们希望能最大化其中一条直角边 G。

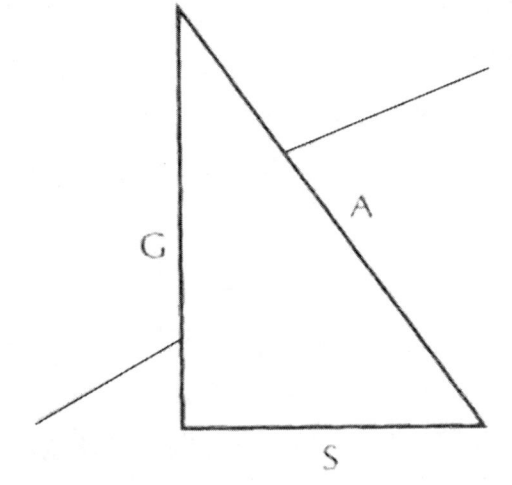

图1-6 资金管理中的勾股定理

在最大化G时，S的任何增长都将需要A也增长，以相互抵消。当S等于零，那么A等于G，这样就符合误解的增长函数TWR=$(1+T)^T$。

因此，就其对G的相对作用来说，我们可以说A的增长等于S同样数额的降低，反之亦然。于是，交易离差降低的任何数值（在降低标准偏差方面）都等于运算平均值HPR增长的数值。无论你是否以最优f交易，这都没错。

如果一个交易者是在一个固定的分数基础上交易，那就需要最大化G，而不一定是A。在最大化G时，交易者应该意识到根据勾股定理，标准偏差S对G的影响完全与对A的影响一样大！所以，当交易者降低其交易的标准偏差（S）时，就相当于运算均值HPR（A）相同数值的增长，反之亦然![1]

---

[1] 许多人在HPR^T等式中误用运算均值HPR。正如这里所示范的一样，这将不能在T局后得出准确的TWR。你必须使用的是几何均值HPR，而不是HPR^T的运算均值。这将让你得到准确的TWR。如果HPR的标准偏差是0，那么运算均值HPR和几何均值HPR是相等的，这种情况不关乎你使用的是运算均值还是几何均值HPR。

交易的基本等式

比起仅仅是怎样降低损失程度，或降低交易离差，提高我们的账本底线，我们能够获利更多。现在回到等式［1.11］的预估 TWR。因为 $(X^Y)^Z = X^{(Y*Z)}$，我们可以进一步简化等式中的指数，从而简化等式［1.11］为：

$$TWR = (A^2 - S^2)^{(T/2)} \qquad [1.13]$$

我们将这最后一个等式——预估 TWR 的简化式称为交易的基本等式，因为它表明了不同因素 A、S 和 T 是如何在交易中影响我们的账户底线。

有一些事情很快变得明显了。首先是如果 A 小于或等于一，那么无论其它两个变量 S 和 T 是多少，结果都不会大于一。如果 A 小于一，那么当 T 接近无穷大时，A 接近零。这意味着如果 A 小于或等于一（数学期望小于或等于零，因为数学期望=$A-1$），我们不可能盈利。事实上，如果 A 小于一，那么我们破产就只是时间问题了。

倘若 A 大于一，我们可以看到 T 增长将导致总盈利的增长。一场交易每增长一次，系数就会变成其平方根的倍数。

我们可以每次将 T 加一，TWR 就增加了一个因数，等于系数（即几何均值）的平方根。因此，每一次一场交易进行或一个 HPR 减少时，每一次 T 增加一时，系数就会变成几何均值的倍数。

一个关于基本交易等式的重点需要注意：它表明如果你的降低标准偏差的程度比降低运算均值 HPR 的程度更大，那样会更好。这可以进行论证，所以如果可能的话，降低你的损失会让你受益。但这个等式表明有时你不再能够从降低损失中受益。也就是说，你会取消太多有少量损失的交易，但这些交易后面将变成可盈利的，从而 A 降低的程度比 S 大。

这样的话，如果 S 降低的程度比 A 大，减少有巨大收益的交易有助于你的计划。很多情况下这都能通过将期权包含入你的交易计划中做到。有一个相对于你的优先方案的期权方案（通过长期购买一种期权或写下一个期权）很可能会有帮助。

如你所见，基本交易等式可以用于记录我们交易中的很多改变。这些改变可能是关于绷紧（或松开）我们的停留期、设定目标等。这些改变是我们在进行交易时无效率的结果，也是交易计划或方法无效率的结果。

为什么 f 是最佳的

在最大化收益方面理解 f 是最佳的：

因为
$$G = \left(\prod_{i=1}^{T} HPR_i\right)^{1/T} \qquad [1.14]$$

且
$$\left(\prod_{i=1}^{T} HPR_i\right)^{1/T} = \exp\left(\frac{\sum_{i=1}^{T} \ln(HPR_i)}{T}\right) \qquad [1.15]$$

那么，如果一个人要采取行动来最大化每一持有期的几何均值，如果试验期足够长，通过将较弱的大数定律或中心极限定理运用于自变数总数（即此等式右侧的分子）结果几乎将必然会比用其它任何决策规则有更高的终端资产。

此外，我们也可以将罗尔定理应用到 f 的最佳性的证明问题上。记住我们在这里定义的"最佳"是指随着试验数量增长，它将产生最大的几何增长。TWR 可以衡量平均几何增长；因此，我们希望证明有一个能产生最大的 TWR 的 f 值存在。

罗尔定理认为如果一个连续函数在两个点 a 和 b 处与一条平行于横坐标的线相交，且这个函数在 a 和 b 之间都是连续的，那么在 ab 之间就至少存在一个点，其一阶导数等于零（即至少一个相对极值）。

如果所有函数都有一个正的算术数学期望，与横坐标相交两次（横轴是 f 轴），交点为 $f=0$ 及其右侧，f 产生了估算 HPR 值，那些 HPR 的方差大于其运算差均值减一，横坐标上分别有 a、b 间距。此外，交易基本等式（即预估 TWR）的一阶导数对于 ab 间隔内的所有 f 来说都是连续的，因为 f 会在这个间距内产生 AHPR 及那些 HPR 的方差。这在函数中是可区分的；因此这个函数——预估 TWR 在这个间距内是连续的。根据罗尔定理，它在这个间距内必须有至少一个相对极值，而因为这个间距是正值，即在横坐标之上，那么这个间距必须包含至少一个最大值。①

事实上，如果几何均值 HPR（TWR 的转换，如果几何均值 HPR 是 TWR 的 T 次根）的变化是 AHPR 的变化及方差的直接函数，根据 AHPR 的变化及方差都有着相反方向的变化，就如 f 一样。这就能够确保只能有一个最高点。因此，在这个间距中一定有一个最高点，并且只能有一个。只有一个 f 值是最佳的，在这个 f 处，与 f 相关的 TWR 的一阶导数等于零。

我们回到等式 [1.06]。现在，我们再次考虑之前的二对一抛硬币赌局。有两场交易，两种可能的情况。如果我们代入与 f 相关的一阶导数，就可以得到：

$$\frac{d\text{TWR}}{df} = \left(\left(1 + f*\left(\frac{-\text{交易}_1}{\text{最大损失}}\right)\right) * \left(\frac{-\text{交易}_2}{\text{最大损失}}\right)\right)$$
$$+ \left(\left(\frac{-\text{交易}_1}{\text{最大损失}}\right) * \left(1 + f*\left(\frac{-\text{交易}_2}{\text{最大损失}}\right)\right)\right) \quad [1.16]$$

---

① 事实上，当 $f=0$，TWR$=0$，那么我们就不能说它经过 0 到达这上面。相反，我们可以说在 f 值处，也就是大于 0 的无限小的数值处，TWR 经过一个大于 0 的无限小的数值处。右侧也一样，不过相反，这条线——f 曲线——TWR 经过这条线，它是在横坐标上方的无限小的数值，往下接近横轴。

如果有超过两场交易，同样的基本形式可供使用，只是它将在短期内有巨大的增长，所以为了简便起见，我们将仅使用两场交易。这样，对于序列+2，f 值为 = 0.25：

$$\frac{d\text{TWR}}{df} = \left(\left(1 + 0.25 * \left(\frac{-2}{-1}\right)\right) * \left(\frac{-(-1)}{-1}\right)\right) + \left(\left(\frac{-2}{-1}\right) * \left(1 + 0.25 * \left(\frac{-(-1)}{-1}\right)\right)\right)$$

$$\frac{d\text{TWR}}{df} = ((1 + 0.25 * 2) * (-1)) + (2 * (1 + 0.25 * (-1)))$$

$$\frac{d\text{TWR}}{df} = ((1 + 0.5) * (-1)) + (2 * (1 - 0.25))$$

$$\frac{d\text{TWR}}{df} = (1.5 * (-1)) + (2 * 0.75)$$

$$\frac{d\text{TWR}}{df} = -1.5 + 1.5 = 0$$

然后我们可以看到这个函数最高点是 0.25，其切线的斜率是零，正好在最优 f 处，并且因为勾股定理导致的局限，没有其它局部极值能存在。

最后，我们将看到最优 f 与 T 无关。我们可以代入预估 TWR——与 T 相关的等式 [1.13] 的一阶导数为：

$$\frac{d\text{TWR}}{df} = (A^2 - S^2)^{T/2} * \ln(A^2 - S^2) \qquad [1.17]$$

因为 $\ln(1) = 0$，那么如果 $A^2 - S^2 = 1$，即 $A^2 - 1 = S^2$（或方差），这个函数是减函数，且唯一一个最优最大值 *TWR* 与 f 有关。但注意，A——运算均值 HPR 及 S——那些 HPR 的标准偏差都不是 T 的函数。相反，它们与 T 无关；因此，[1.13] 与处于最优 f 值处的 T 无关。最大化预估 TWR 意义上的最优 f 值将一直是同一个数值，与 T 无关。

资金管理新论：资产配置的一个新框架

他们不喜欢它

在 1990 年这些公式发表后不久，其他人开始通过蒙特卡罗模拟研究找到最优 f 值的理念。1990 年发表的公式受到的大批判之一就是他们不承认这个事实：你必须进行整数合约大小的交易；也就是说，你不能进行 0.37 的黄金合约交易。蒙特卡罗模拟法让你能够确定一个最优 f 值，并了解到现实生活中的限制——整数合约的交易。

像这样的蒙特卡罗模拟应该是这样起作用的：假定你的起始赌注是 50 000 美元。现在，接受所有的交易，并把它们组合在一起。一次取消一场交易。每一次你取消一场交易，基于你目前测试的 f 值计算你的新赌注。通过一遍遍地这样做，你就能够确定最优 f 值就是用最多钱完成的一次交易。

那一切都非常好。然而，于 1990 年首次提出的方法将让你得到起始赌注方面的最优 f 值。也就是说，它给出的最优 f 值考虑到了所有可能的起始赌注。其次，随着起始赌注的大小增长，这两种方法——1990 年发表的公式及蒙特卡罗模拟法会得到同一个最优 f 值。再次，整数数值越小，这两种方法得到的结果越接近。也就是说，你能够越频繁地调整你交易的股本变化方面的整数数值，资金对数的期望值就会更好地为你服务。因此可以说，进行燕麦交易比 S&P 交易效益更高。

最后，你不必使用原始金额来计算这些运算中任何一个的 HPR。[1] 你可以仅仅转换持有期的交易或结果为百分数，用最大损失率来决定 HPR，并找到你的最优 f 值在百分率结果上是多少。那么，当你将等式

---

[1] 欲知详情，参考拉尔夫·温斯《资金管理的数学》中的"均衡最优 f 值"一文，83-89 页。

[1.08] 应用于最大损失交易中,仅仅将你使用的代入到最大损失率中,再乘以此商品的当前价格,并用其作为最大损失交易。这表示为以下等式:

$$f\$ = \frac{abs(最大损失率 * 当前价格)}{最优f值} \qquad [1.18]$$

简介用最优f值进行投资组合

1990年出版的那本书也说明了一种方法来确定最优f值在投资组合中的成份。

首先,只要我们在处理投资组合中的组件,我们就必须使用统一的持股期限。也就是说,持股期限不再被称为一次交易,而必须是一个统一的持续时间——一天、一星期、一个月、一个季度或一年。我选择使用一天,但并没有明确的要求让你这样做。唯一的要求是你必须使用一个统一的持续时间来确定HPR,并且那个时限在各个市场、交易方法上都是同样的。因此,如果说你的持股期限是一天,那么你就基于每天交易一个单元的股权的变化来确定HPR。

使得1990年的公式适用于一个投资组合的唯一其它变化就只是对等式 [1.05] 的修改,以适应一个以上组件:

$$HPR_k = 1 + \left(\sum_{i=1}^{n} f_i * \left(\frac{-交易_{i,k}}{最大损失} \right) \right) \qquad [1.19]$$

当 HPR_k = 第 k 个持股阶段的 HPR

交易$_{i,k}$ = 在第 k 个阶段内用 1 个单元交易组件 i 的股权变化

最大损失 = 在所有持股期限内,在一个单元基础上这个组件的股权最

大负变化

n = 投资组合中组件数量

f_i = 与第 i 个组件相关的 f 值

因此，你必须找到 n 个最优 f 值，每个组件一个。同样，注意尽管任何一个 f 值都不可能小于零，它们也可以大于一。这是因为如果这两个组件之间有一个足够高的负相关值，其 f 值将接近正无穷。

为了理解这一点，我们可以细想两种结果。一种在第一个持股阶段盈利两美元然后在第二个阶段损失一美元。另一种结果是在第一个持股阶段损失 $1.10，而在第二个阶段盈利一美元：

持股阶段#	结果 1	结果 2
1	2	-1.1
2	-1	1

注意你可以以最佳方式为这两种结果赋上无限大的 f 值，（因此，$f\$$ 将会是无限小的值，你就会有无限多的单元），因为总的来说是没有损失持股期限的。同样也要注意，这比仅运用结果 1 交易要积极得多，它的最优 f 值为 0.25。最后，注意结果 2 的运算数学期望是负值，但因为其与结果一的负相关性，你应该在一起交易时，交易无限高数量的单元！换句话说，可能一个负期望组件将改善该投资组合的总体效果。

在 1990 年的书中的方法是经验主义的；也就是说，它使用实际数据本身来确定一个投资组合。1992 年的书中说明了将投资组合组件的最优 f 理念融入到 E-V 方式中的一种方式，它有其自己的缺陷。这些缺陷太严重了，所以我写下这本书。

我们继续讨论下去，关于投资组合还有最后一件事需要说明一下。假设我们账户有 50 000 美元，且有一个投资组合，包含两个组件。这些组件

的最佳分布——最佳 $f\$$ 分别是 5 000 美元和 10 000 美元。那么我们如何在这两个组件的 $f\$$ 中划分 50 000 美元呢？

答案很简单。首先，用 50 000 除以第一个组件的 $f\$$。那么，50 000/5 000 等于 10。这样我们交易第一个组件的十个单元。其次，将同一个股权 50 000 再一次除以下一个组件的 $f\$$。那么，50 000/10 000 等于 5。因此，我们将交易第二个组件的五个单元。注意，通过投资组合，你每一个组件的 $f\$$ 都被同一个账户股权除——有一个股权重叠因素——在进行投资组合时，这是确定合约数量的正确方式（等式 [1.09]）。①

关于下跌及分散投资的不合理理念

我们很快就能意识到在一个单元基础上交易时，一个交易方式看起来越好，最优 f 值就越高。因此，$f\$$ 越小，需要的数量就越多。这有点自相矛盾。在股权回撤幅度方面，在任何 f 值处交易时（我们都处于某个 f 值处），可能的最低跌落值是 $f\%$。也就是说，例如，如果在我们的二对一抛硬币赌局中，我们了解到自己的最优 f 值为 0.25，或者我们账户股权中的每四美元（$f\$$）都可以下一注，那么一达到损失最大的赌局或交易（在这里指 -$1），我们将会跌落 $f\%$。我们一看到损失，就会回撤到股权的 $f\%$。

这不仅是在最优 f 水平是正确的，在任何 f 水平都是。再一次采用二对一抛硬币赌局，但假定我们在 0.1 的 f 水平处交易，这意味着每一注用

---

① 欲知详情，参考拉尔夫·温斯《资金管理的数学》中的"组合资金与独立资金的对比"，纽约：威利出版社，1992，68-70 页。

我们账户股权的十美元。一达到损失最大的赌局或交易,我们将会跌落10%的股权。这看起来十分自相矛盾,因为既然你将倾向于在最高 f 水平交易,那么一个体系越好,下跌得就越猛!

那么似乎表面看来,在我们的二对一抛硬币赌局中,在40局后,发现有366%的收益,及至少10%的跌落,然后在0.1的 f 水平处交易,或者是发现有955%的收益,及至少25%的跌落后,在0.25的最佳值处交易,这两者并没有区别。这就像是六个和半打的差别。然而如果我们按照这样推断到一百局,预期最小下跌保持不变,而预期收益在 $f=0.1$ 时达到4 590%,在 $f=0.25$ 时达到36 009%。显然,收益率与预期最小股权回撤的差距在最优 f 处是最大的,比任何其它 f 值都大,而且随着更多持股期限出现,差距就越大。

注意预期最小股权回撤在运算方面会变化,然而收益以指数方式变化,与 f 有关。因此我们可以说当你降低 f 时(交易量比最佳数量少),跌落就会在运算方面减弱,收益也以指数方式降低。那么,偏向峰值右侧仅仅会降低收益(同样以指数方式),而最低预期跌落会在运算方面增长(同样是在股权回撤幅度方面)。

关于分散投资也有一些错误理念必须在此指出来。分散投资的实际利益并不是一些人误以为(本能地)的安全性。反而,分散投资的实际利益在交易基本等式中表示为数学意义上。分散投资让你在一个既定时期内取消更多 T。因此,它在既定时期内有更大的增长。它并没有额外的安全性。

此外,通过分散投资,这个格局图就有更多维,从而它就变得更加不可靠,更可能被破坏。无论一个投资组合有多少组件,一定会有一个时候,一切都很不顺利。因此,增加组件可能使股权曲线图更平稳(从而有了其安全性的误解),但也往往会增加最坏情况下的跌落。

同样，关于传统理念（也是误解）所认为的，组件更多会影响效益或者说组件每一次增长的边际效益都会降低，也就是说达到渐近线。相反，这条线不是对数曲线，而是直线上升后再转向右边，因为我们通过分散投资所做的就是增加 T。T 的每次增长都会导致预期增值投资的同等增长，且这不会达到渐近线。

下一步

实际上，这些公式（1.05 至 1.07）的问题是它们都做出假设，认为所有 HPR 都有相同的出现概率。我们需要的是一个新的公式，不同的 HPR 有着不同的概率。这样一个公式将让你能够在给定 HPR 概率分布的描述时，找到一个最优 f 值。两年后，在 1992 年，我发明了一系列的公式，是如下这样的：

$$\text{HPR} = \left(1 + \left(\frac{A}{\left(\frac{W}{f}\right)}\right)\right)^P \quad [1.20]$$

当 A = 方案结果

P = 方案概率

W = 所有 n 种方案的最坏结果

f = 我们试验的 f 值

现在，我们得到了最终财富比例，或 TWR[①]：

[①] 在这个公式中，与 1990 年的公式不同，TWR 没有特别意义。在这里，这只是一个用于计算 G 的中间值，并不代表我们的初始赌注所赚的倍数。

$$TWR = \prod_{i=1}^{T} HPR_i \qquad [1.21]$$

或

$$TWR = \prod_{i=1}^{T}\left(1 + \left(\frac{A_i}{\left(\frac{W}{f}\right)}\right)\right)^{P_i}$$

最后，如果我们将等式［1.21］代入 $\sum P_i$ 根，我们可以算出每局的平均复合增长，也称为几何均值 HPR，这在之后将会变得更为重要：

$$G = TWR^{1/\sum P_i} \qquad [1.22]$$

或

$$G = \left(\prod_{i=1}^{T}\left(\left(1 + \left(\frac{A_i}{\left(\frac{W}{f}\right)}\right)\right)^{P_i}\right)\right)^{1/\sum P_i}$$

当　　T = 不同方案的数量

TWR = 最终财富比例

HPR_i = 第 i 个方案的持有期收益

A_i = 第 i 个方案的结果

P_i = 第 i 个方案的概率

W = 所有 n 种方案的最坏结果

f = 我们试验的 f 值

正如你可以用等式［1.04］来解决等式［1.03］，同样你也可以用等式［1.22］来解决任何最优 f 问题。我们可以用等式［1.22］来代替等式［1.03 至 1.07］。当数据都有正确的二项分布时，我们可以得出与凯利定律相同的答案。如果你将交易分布引入（当每一场交易的概率都是 1/T），我们可以得到与 1990 年的公式一样的答案。在涉及指数增长时，这个公式可以用于最大化任何东西的任何初始金额的期望对数值。现在我们将讨论的是如何在方案设计的情况中应用这个公式。

方案设计

像经济学家、股市预测者、气象学家及政府机构等以预测谋生的人，都有过因为不正确的预测而声名狼藉的经历。任何人一生中必须做出的决定往往都需要这个人对未来做出预测。

总有一些意想不到的困难会突然出现。首先，对于未来，人们通常会做出比实际可能性更乐观的设想。大多数人觉得自己更可能会在这个月中彩票，而不是死于车祸意外，尽管后者的发生几率更大。这不仅仅是针对个人的，对于群体来说这甚至更为明显。当人们一起工作时，他们容易将一个有利的结果看成最可能发生的结果。

第二个隐患就是人们对未来做出直接预测，这危害也更大。人们预测一加仑汽油的价格在两年后将是多少；他们预测自己的工作会发生什么，谁将成为下一任总统，接下来什么会成为潮流等等。无论什么时候，我们思考未来时，总是倾向于从唯一一个最可能的结果方面来思考。于是，每当我们必须做出决定时，无论是作为一个个体还是群体，我们倾向于依据我们所认为将会是将来唯一最可能发生的结果，来做出决定。因此，我们就尤其易受不如意的意外影响。

方案设计是此问题的一个局部解决方案。一个方案只是一种可能的预测，关于未来可能呈现的一种方式的情况。方案设计就是各种方案的组合，目的是要覆盖各种可能性的范围。当然，完整的范围不可能都被覆盖，但方案设计者想要覆盖尽可能多的可能性。通过这样做，与直接预测最可能发生的结果相反，方案设计者可以为将来的情况做好准备。此外，方案设计也可以让设计者对于可能发生的出乎意料的事情有所准备。方案设计将调整至适应现实，因为它认识到"所谓必然只是一个假象"。

资金管理新论：资产配置的一个新框架

假设你正在为你的公司制作长期规划。比方说，你生产一种特别的产品。你决定进行方案设计，而不是进行一个单独的最可能发生的直接预测。你需要与其他设计者坐下来商谈，并进行头脑风暴，以获得可能的方案。要是你不能获得足够的原材料来制作你的产品呢？要是你的一个竞争者失败了呢？要是出现了一个新的竞争者呢？要是你严重地低估了此产品的需求量呢？要是一场战争爆发于这片大陆呢？要是这是核战呢？

因为每个方案都只是几种可能中的其中一种，所以每个方案都要严肃对待。但是一旦你已经明确了这些方案后，你要怎么做呢？

首先，你必须确定对于每个给定方案，你想要达到的目标是什么。依据这个方案，目标不需要是一个积极的目标。例如，面对一个无希望的方案，你的目标可能仅仅是控制损失。一旦你为一个既定方案明确了一个目标，那么你就需要制定与那个方案相关的应急计划，以达到你所希望达到的目标。例如，在这个相当不可能的无希望的方案中，你的目标是控制损失，你需要有计划可遵循，这个方案应该是可行的，以便你能最小化损失。最重要的是，方案设计为设计者提供一种可采取的行为，一个特定的方案就应该形成。它让你必须在事实面前制定计划；它让你必须对意外情况有所准备。

然而，方案设计的好处还有更多。方案设计与最优 f 之间有着十分密切的关系。最优 f 让我们能够确定一组既定的可能方案的最佳分布数目。我们的生存方式限定一次只能有一种方案，但是我们为各种前景、各种方案都做好计划。因此，方案设计往往让我们置身于这样一种处境：在明白明天的可能方案的情况下，必须决定好今天要配置多少资源。这就是方案设计的真正重心：确定数量。

首先，我们必须定义好每一种方案。其次，我们必须确定好那个方案的发生率。它需要是一个概率，就意味着这个数字必须在 0 到 1 之间。我们无需进一步考虑概率为 0 的方案。注意，这些概率是不能累计的。换句话说，一个既定方案的概率对于那个方案来说是独特的。假设我们是 XYZ 制造公司的决策人，以下是我们拥有的其中两个方案。在其中一个方案中，XYZ 制造公司申请破产的概率是 0.15，在另一个方案中，XYZ 制造公司因激烈的外来竞争压力而被迫停业的概率是 0.07。现在，我们要提出这个问题：第一个方案中的申请破产是否包括第二种方案中的因激烈的外来竞争压力而申请破产呢？如果包括的话，那么第一种方案的概率就不能将第二种方案的概率计算在内，那么我们就要将第一中方案的概率修改为 $0.08*(0.15-0.07)$。

我们考虑的所有方案的概率之和必须是确切地等于 1，不等于 1.01，也不等于 0.99，而是等于 1，这与每个概率对于每个方案的独特性同样重要。

对于每一个方案，我们现在都有了一个概率，正是那个方案所计算的。我们现在也要算出一个结果。这是一个数值，可以是由于一个方案显露出来而盈利或损失的金额，也可以是通用单位或药剂单位或其他任何单位。然而，我们的产出将会与我们的投入有相同的单位。

你必须有至少一个有负面结果的方案，以便能够运用这个方法。这是强制性的。

使用这个方法的最后一个先决条件就是运算数学期望即所有结果分别乘以其概率（等式 [1.01a]）一定要大于 0。如果运算数学期望等于 0 或是负数，就不能使用以下方法。这并不是说不能使用方案设计本身。它可以使用，并且应该使用。然而，在数学期望值为负数时，最优 f 可以与方案设计结合。

最后，你一定要尽可能多地覆盖结果范围。换句话说，事实上，你会希望能够考虑到 99% 的可能的结果。这听起来可能毫无可能，但是许多方案可以拓展开，那么你就不需要10 000个方案来覆盖99%的范围了。

为了拓宽你的方案，你一定要避免三种方案的常见误区：一个乐观方案、一个悲观方案及一个一切保持不变的方案。这太简单了，且由此得出的答案往往都太过粗略，不能成为任何数值。你会愿意仅基于三场交易而找到你的交易系统的最优 f 值吗？

所以，尽管可能要有无限多的方案才能覆盖整个范围，但我们可以覆盖我们所认为的约99%的结果范围。如果这会导致过多的方案，我们可以拓展这些方案，以减少其数量。然而，如果它们的数量减少了，我们也就失去了一定量的信息。当我们将方案数量减少（通过将其拓宽）到仅剩三个时（常见误区），我们实际上就失去了太多信息，以致于这种方法的有效性严重削弱了。

那么，最好是要有多少方案呢？尽可能多，并掌握好。这时，电脑就是一种巨大的资产。

将二对一抛硬币赌局视为两种方案的一个范围，每一个都有一个概率，且每个方案（正面朝上及反面朝上）的概率为0.5。每一个都分别有一个结果：+2及-1：

方案	概率	结果
正面朝上	0.5	2
反面朝上	0.5	-1

再次假定我们是XYZ的决策人，正在考虑在一个原始偏远的小乡村出售自己的一种新产品。假设我们有五种正在考虑的方案（事实上，你可以拥有的方案比这多得多，但为了简明起见，我们将使用五种）。这五种方案表现出了我们所认为的这个原始偏远的乡村将出现的可能后果，及其发

生率和投资的盈利和损失。

方案	概率	结果
战争	0.1	－$500 000
困难	0.2	－$200 000
停滞	0.2	0
和平	0.45	$500 000
繁荣	0.05	$1 000 000
总计	1.00	

我们的概率之和等于 1。我们至少有一种方案的结果是消极的，且数学期望是正数：

$(0.1*(-500\ 000)) + (0.2*(-200\ 000)) + ...$ 等等 $= 185\ 000$

因此，我们可以将这种方法用于这些方案中。

然而，首先要注意如果我们使用一个最可能结果方法，我们可能推断和平会是这个国家的未来，那么我们就会表现得好像和平是必然会发生的，而只是依稀记得其他可能性。

再次谈到这种方法，我们必须计算出最优 f。最优 f 指的是使用等式 [1.20 至 1.22]，为最大化几何均值而为 f 赋的值（在 0 到 1 之间）。现在，我们通过等式 [1.21] 得到了最终财富比例，或 TWR[①]。最后，如果我们将等式 [1.21] 代入 $\sum p_i$ 根，我们可以算出每局的平均复合增长，也称为几何均值 HPR，这在之后将会变得更为重要。为此，我们要使用等式 [1.22]。

接下来谈谈如何完成这些等式。首先，我们必须确定一个最优化方

---

① 然而，在本书中后面将会将方案设计用于投资组合，那样运算数学期望就可以是负值，并可能整体上有益于该投资组合。

案，通过研究 f 值以找到最大化等式的 f 的一种方法。其次，我们可以将 f 从 0.01 到 1 不断循环，通过重复或抛物型插值法来做到这一点。

接下来，我们必须确定我们考虑中的所有方案中的其中一种方案可能的最坏结果，无论那个方案的发生率有多小。以 XYZ 公司为例，这个结果就是 -\$500 000。

现在，对于每个可能的方案，我们必须首先将可能的最坏结果除以负的 f 值。以 XYZ 公司为例，我们将假定我们将会将 f 从 0.01 到 1 不断循环，因此，我们以 0.01 的 f 值开始。现在，如果我们将考虑中的方案的可能的最坏结果除以 f 的负值，我们就会得到：

$$\frac{-\$500\,000}{-0.01} = 50\,000\,000$$

注意负值除以负值是如何得出正值的，反之亦然。因此，我们在此例中的结果是正数。现在，在我们审查每个方案时，我们将方案的结果除以刚刚得到的答案。因为第一个方案的结果也是最坏结果，即 500 000 美元的损失，现在我们就会得到：

$$\frac{-\$500\,000}{50\,000\,000} = -0.01$$

下一步就是将这个数值加一。然后就得到：

$$1 + (-0.01) = 0.99$$

最后，我们将这个答案代入其发生率的幂中，这在我们之前的案例中为 0.1：

$$0.99^{0.1} = 0.9989954713$$

接下来，我们进入到下一个方案，即是"困难"，在这个方案中，会产生 200 000 美元的损失。我们的最坏情况下的结果仍然是 -\$500 000。我们寻求的 f 值仍是 0.01，所以我们希望用这个方案的结果除以的数值还是 5000 万：

$$\frac{-200\,000}{50\,000\,000} = -0.004$$

继续进行接下来的步骤,以算出 HPR:

$$1 + (-0.004) = 0.996$$

$$0.996 \wedge 0.2 = 0.9991987169$$

如果我们继续将这些方案的 f 的测试值定为 0.01,我们将得到与最后三个方案对应的这三个 HPR:

停滞   1.0

和平   1.004487689

繁荣   1.000990622

一旦我们将每个方案都转化为给定 f 值的一个 HPR,我们将这些 HPR 相乘:

```
      0.9989954713
*     0.9991987169
*     1.0
*     1.004487689
*     1.000990622
      ─────────────
      1.003667853
```

那么我们可以得到中间 TWR 值,在此例中这个值为 1.003667853。下一步就是要把这个值代入 1 的幂除以这些概率之和中。因为我们这样算的话,这些概率之和总是会等于 1,我们就可以说我们必须将 TWR 乘以 1 的幂,以得出几何均值。因为任何数乘以 1 的幂都等于其本身,这样的话,我们也可以说,几何均值等于 TWR。因此我们的几何均值为 1.003667853。

然而,如果我们对每个方案必须有唯一一个概率这一要求放松限制,那么我们就可以让这些方案的概率之和大于1。在这种情况下，我们就要将TWR乘以这些概率之和与1的幂之比，以得到几何均值。

我们刚刚在案例中所得答案就是与f值为0.01相对应的几何均值。现在我们进入到f值为0.02，并重复整个过程，直到我们得出了与f值为0.02相对应的几何均值。我们将继续这样进行下去，直到我们得出了产生最大几何均值的f值。

在我们的例子中，我们会发现最大几何均值会在f值等于0.57时得到，这时几何均值将会等于1.1106。将我们的一个方案的最坏结果（-500 000）除以最优f负值，结果是$877 192.35。换句话说，如果XYZ公司想要致力于在这个偏远国家推销这种新产品，他们这时的最佳投入量就是这个数目。随着时间的增长、事情的发展变化，这些方案、结果及其概率同样也将会改变。XYZ公司越能适应这些改变中的方案，他们用作投入量的方案越正确，那么他们的决策也就越准确。注意如果XYZ公司这次不能投入$877 192.35到这项事业中，那么他们就比$f$曲线图的最高点差的太多了。这就相当于一个人的商品合约比最优f表明其应该有的多太多。如果XYZ公司这次投入到这个项目的资金比这个数额多，这种情况就与一个商品交易者有太少合约相似。

关于方案和交易，有一个重点要注意。你用于一个方案的事情可以是任何数目：

1. 它也可以是一个既定交易产生的结果，就像在前例中一样。如果你正在交易的商品仅有一个，那么这会很有用。然而，当你进行商品的投资组合交易，你就违反了这条规则：所有持有期长度必须是统一的。

2. 如果你知道价格结果分布会是什么，你就可以将其用于方案中。例如，如果你有理由相信一件特定商品第二天的价格将会正常发布。因此，你可以基于常规分布来辨别你的方案。例如，在常规分布中，99.72%表明价格最高不会超过两个标准偏差，99.86%表示价格最高不会超过三个标准偏差。因此，作为一个方案，你可以让结果的价格上限处于两到三个标准偏差之间（无论交易一个单元，第二天持有期时你会有多少金额），其概率将会是 0.9986 - 0.9772 = 0.0214，或 2.14%的可能性。

3. 你可以使用可能的资金结果分布，以特定的市场方法，在下一个持有期间交易一个单元。这是我偏爱的方法，并且这样可以很好地自我周转，以在新框架下进行投资组合构建。

尽管我强烈推荐使用上述列表中的第三项，但无论你使用哪种方法，记住你需要随着情况的变化，不断更新你的方案。然后，你始终需要通过这些公式目前显示为最优的方式，进入下一个持有期间。[①] 这种情况与玩扑克牌的二十一点的人类似。每打出一张牌，这组牌的构成就改变了，这也是一样计算玩牌者的概率。然而，玩牌者必须随时调整这些概率当前的意义。

尽管这里讨论的数量指的是金额，但它可以指任何东西的数量，并且这种方法都是同样有效的。

如果你为股市设计了不同方案，来源于这种方法论的最优 f 将告诉你在任何特定时间投入到股市的准确比率。例如，如果收益 f 为 0.65，那么那就意味着你资产的 65% 应该投入到股市中，并保留 35% 为现金。这种方法将长远地让你的资金有最大的几何增长。此外，当然输出是与你对于与方案、其发生率及其结果收益与成本有关的这个系统的投入一样准确的。

同样的程序也可以用做一种替代参量方法，以确定一个特定交易的最优 f。假定你正基于基本原理做出交易决策。如果你愿意的话，你可以

---

① 欲对此有更多了解，请参见温斯《资金管理数学》中的《将每一局都看做是无限循环的》，71-73 页。

总结这些交易可能需要的不同方案。有越多方案，方案越准确，你的结果就也会越准确。比方说你正在考虑买一种市政债券，以获得收益，但你并不打算一直持有这些债券至全盛期。你可以总结各种不同方案未来会是如何。现在，你可以用这些方案来决定投入多少到这一个债券中来。

假设一个交易者正决定买黄豆，他可能使用艾略特波浪理论，也可能会利用天气预报，但无论他用什么，他都可以认识到这个可能交易的以下方案：

方案	概率	结果
最好情况下的结果	0.05	150/分蒲式耳（盈利）
较好情况	0.4	10/分蒲式耳（盈利）
通常情况下	0.45	−5/分蒲式耳（亏损）
不太好	0.05	−30/分蒲式耳（亏损）
损失惨重	0.05	−150/分蒲式耳（亏损）

现在，如果使用艾略特波浪理论的黄豆交易者（或利用天气预报的黄豆交易者）做出这些方案及这场交易的这些可能结果，为了最大化其长远利益（及延续），假设他必须做出同样的一个交易决策，在未来会成为无限倍数，他将会发现，通过使用这个方案设计方法，他最好是投注 0.02（2%）到这场交易。这也就是说每一个黄豆合约

需要 $375 000 资产，因为损失最大的方案−150/分蒲式耳除以这个方案的最优 f，0.02，结果为 $7 500/0.02 = $375 000。因此，每一个合约投入 $375 000 资产，可以说这个交易者在下一次交易中投注 2%。

无论交易者使用什么方式来进行这场交易（即艾略特波浪理论、天气预报等等），每一场交易的方案参数可能会改变。但是交易者必须通过假定同样的方案参数将会无限循环，来最大化其账户的长远几何增长。否则，交易者将会付出惨痛的代价，正如在图 1-2 中讨论的一样。注意在我们的黄豆交易案例中，如果交易者将会在 f 曲线图的最高点右侧（也就是

说，合约数量稍微过多），他将不会获得收益。话句话说，如果这个黄豆交易者将在每个合约中投入 $300 000 账户资产，那么从长远来看，事实上他所赚的钱将比在每个合约中投入 $375 000 要少。

当我们正做出一个决定，且这个决定的每个方面都有不同的方案，那么选择与其最优 f 对应的几何均值最大的方案，将以一种渐进方式最大化我们的决定。

例如，假设我们要做出一个决定，并有两种可能的选择。它可以有很多可能的选择，但为了简便起见，我们就假设它有两种可能的选择，我们称之为"白色"和"黑色"。如果我们选择这个叫"白色"的决定，我们确定它将会向我们呈现将来的可能方案：

白色决定：

方案	概率	结果
A	0.3	−20
B	0.4	0
C	0.3	30

数学期望 = $3.00

最优 f = 0.17

几何均值 = 1.0123

这些方案是什么并不重要，它们可以是任何东西。为了进一步对此进行说明，在此论述中，它们将被简单地标为字母 A、B、C。此外，结果是什么也不重要；它可以是关于任何事的。

通过我们的分析，可以推断出黑色决定将会呈现以下决定：

黑色决定：

方案	概率	结果
A	0.3	-20
B	0.4	0
C	0.15	6
D	0.15	20

数学期望 = $2.90

最优 f = 0.31

几何均值 = 1.0453

许多人会选择白色决定，因为这个决定的数学期望值更高。通过白色决定，你可以预测平均 $3.00 的收益，相对黑色决定是 $2.90 的收益。然而，事实上黑色决定才是正确的决定，因为它会产生更大的几何均值。通过黑色决定，你将预测到平均盈利 4.53%（1.0453 - 1），而白色决定为 1.23%。当你考虑到再投资的效果时，黑色决定平均盈利是白色决定的三倍。

这时读者可能要反对道："我们并不是重复做这件事的；我们只做一次。我们不会再投资到同一个未来方案中。如果我们始终为我们面临的每组决定选择最高运算数学期望，我们不会盈利吗？"

我们想要根据最高运算数学期望来作出决策的唯一时期，就是在我们计划不将资金再投资于考虑中的决定。因为，几乎在每一种情况下，如今投资于一个项目的资金将会在未来再次投资于一个不同的项目，并且过去盈利或亏损的资金会影响到我们现在能够用于投资的钱有多少。我们应该根据几何均值来做出决策，以最大化我们资金的长远增长。尽管明天出现的方案将会与今天的那些不同，但通过始终基于最大几何均值来做出决策，就能最大限度地利用我们的决策。这类似于一个从属试验过程、二十一点扑克牌游戏。在每一方面，概率变化时，最优下注数目也会改变。然而，通过始终下注最优数目，我们可以最大化长远收益。记住，为了最大化长远收益，我们必须考虑到当前竞争将会无限地扩展到将来。换句话说，我们必须着眼于每一个单独的项目，就像如果我们想要最大化不同竞争中的许多赌局的收益，我们就要进行无限多的次数。

总的来说，无论何时一个项目的结果对接下来的项目结果有影响，如果最大化几何均值，我们就能获得更多收益。在少数情况下，一个项目的结果对接下来的项目结果没有影响，那么我们最大化运算期望，就能获得更多收益。

数学期望（运算）并没有考虑到不同方案结果的偏差，因而在考虑再投资时，可能会导致错误的决策。

使用这种方案设计法可以让你能够在可能的方案及其结果和它们的发生率方面定量。这种方法本身就比根据最大运算数学期望来自我定位更加保守。一个数据集的几何均值绝不会大于其运算均值。同样，这种方法绝不能比根据最大运算数学期望选择让你在其他方面自我定位（有更大的成就）。在渐进意义上（长远来看），这不仅是在达到最大几何均值时自我定位的好办法，也是一个比根据最大运算数学期望来自我定位更加保守的办法。

因为再投资几乎总是出现于现实生活（除非在你退休前一天），也就是说，你重复利用今天使用的钱，那么我们必须在假设这同一个决定将重复出现无数次的情况下，做出今天的决定，以最大化我们决定的结果。我们必须做出决策，并自我定位，以最大化几何期望。此外，因为大多数项目的结果事实上会对其后的项目结果产生影响，我们应该在最大几何期望的基础上做出决策，并自我定位。这就容易导致决策和定位不总是显而易见的。

方案图谱

我们现在一定对于"方案图谱"的概念很熟悉了。一个方案图谱指的是一些方案从左到右、从最坏结果到最好结果连续排列,其概率在0%到100%之间。例如,一个简单的抛硬币游戏的方案图谱,结果是正面朝上的话我们输,结果是反面朝上的话我们赢,并且两种都有0.5的发生率(图1-7)。

一个方案图谱可以有两个以上方案,你愿意有多少方案,你就可以有多少。(见图1-8)。

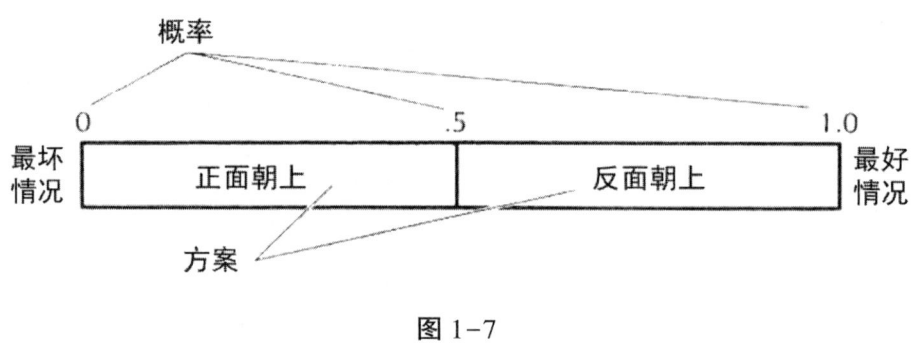

图 1-7

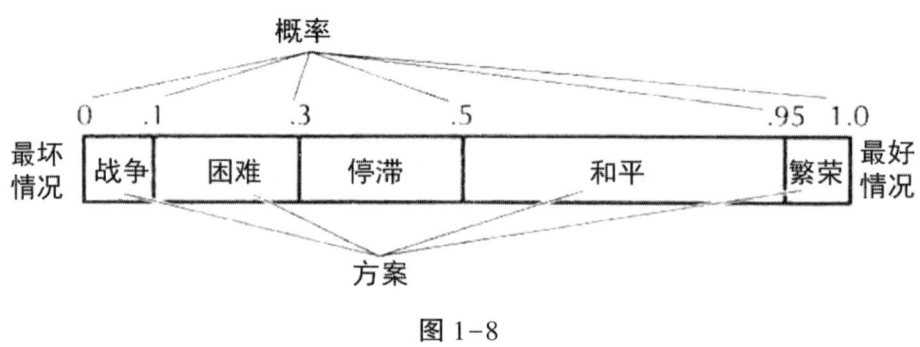

图 1-8

这个方案图谱与以下方案相对应，以下方案摘自上一部分关于 XYZ 制造公司在一个偏远小国推销一种新产品的评估：

方案	概率	结果	概率 * 结果
战争	0.1	- $500 000	- $50 000
困难	0.2	- $200 000	- $40 000
停滞	0.2	0	$0
和平	0.45	$500 000	$225 000
繁荣	0.05	$1 000 000	$50 000
总计 1.00			期望 $185 000

注意这是一个有效的方案图谱，因为：

1. 至少有一个方案的结果是负面的。
2. 这些概率之和为 1.00。
3. 图谱内的方案没有重叠处。

例如，停滞方案蕴含着和平。然而，停滞方案表示的是零经济增长的和平。因而和平方案就与其区分开了，并表示至少有一些经济增长的和平。换句话说，停滞方案并不包含于和平方案之内，也没有任何方案包含于另一个。

以下是关于方案图谱的最后一点，也是十分重要的一点。在一个特定图谱内的所有方案必须是关于一个特定持有期的结果的。另外，持有期的长短可以是你选的任何长度，可以是一天、一周、一季度、一个月、一年等等，但是持有期必须确定下来。一旦确定好，一个特定图谱内的所有方案必须是有关下一个持有期的可能结果的，并且所有方案图谱必须是同一个长度的持有期。这点至关重要。因此，如果你决定持有期长度为一天，那么你所有方案图谱内的所有方案都必须属于第二天的可能结果。

在后文中，我们将会了解如何确定不同方案图谱的最优配置，一切交易都同时进行。这是我之前关于最优f和期权的作品的衍生物。前提条件就是我们一定要了解条件概率。然而，在此之前，还有一些基础资料需要学习。

附录一
通过增加国内生产总值方差降低赤字

1993年3月25日，《华尔街日报》上W·库尔特·豪瑟（W. Kurt Hauser）的一篇社论十分有趣。简要来说，（这也许对豪瑟先生有些不公平），这篇社论认为在战后时期，无论税率和免税代码如何变化，国内生产总值中来自于税收的比例（在美国）始终平均为19.5%。此外，这个19.5%的平均值的方差相对较小，最高值为21.1%（1981年），最低值为17.9%（1964年和1965年）。豪瑟先生提出了一个非常有信服力的论据，国内生产总值增长速度必须比政府支出快。这表明1993年的克林顿税收建议是有缺陷的，因为降低税收更能刺激国内生产总值的增长，而不是克林顿建议中要求的更高税收。

豪瑟先生认为，降低赤字的方法不在于增加税率，而是在于增加国内生产总值。而且，这看起来是一个广为接受的理念。然而，降低赤字也能够通过增加国内生产总值的方差来达到，这与增加国内生产总值本身一样有效！这个理念不仅挑战了传统思想，也是对政策的挑战。

第 1 章 一个新框架

渐增赤字是一个指数增函数。赤字越大,其利息就越大。通过对一些利息进行融资,也就是说,将一些赤字利息再投资于赤字中,我们就能创建(更确切地说,是我们能够让政府创建)一个渐增赤字的指数增函数。

所有的指数增函数都有一个可以被赋值的 f 值。那么,我们(也就是政府)要怎么改变我们操作的 f 值呢?联邦政府并不是有意识地为 f 赋一个特定的值,然而无论我们承认与否,都有一个特定的 f 值对其有效(对我们所有人有效)。只要联邦政府(我们)在曲线图的 f 处,我们就可以看到,我们可以通过处于曲线图最高点之外的 f 值处而受益。在最高点之外的一个特定值处,TWR 小于 1,我们可以获得巨大的收益,因为在那个位置,我们可以确保这个增函数会被破坏。也就是说,在 f 值处,TWR 小于 1,如果我们是使用这样一个 f 值的赌徒,我们就能知道我们一定会破产。

所以,如果没人知道我们使用的 f 值是多少,并且无论使用的 f 值是多少,实际上,我们都能够通过让 f 值更接近于 1 而获得收益(如果我们确实是在曲线图最高点之外)。这是怎么做到的呢?

我们一直都将重心放在 A 上,即政府总税收。也就是说,我们将增加税收(或减少支出)作为重点。然而,我们几乎没有关注到那些税收的方差,即使有的话,也是很少。豪瑟先生认为(而且我相信他是对的),如果税收与国内生产总值直接相关联(联系比免税代码政策更紧密),那么在国内生产总值方差方面有一些重点要说明一下。

基本上,我们必须降低的是 G,即联邦赤字的 HPR 每阶段的增长倍数。根据勾股定理与预估几何均值的公式的对比,这不仅能通过增加 A,即平均税收(或平均国内生产总值)而做到,同样也能通过增加 S,即税收的标准偏差或方差(或根据豪瑟的柱形图中的数据,也可以是国内生产总值的标准偏差或方差)做到!因此,通过国内生产总值运算均值的更大的增长量，国内生产总值方差的增加将导致联邦赤字的增长率的降低！

因为变量 f 在 0 到 1 之间，标准偏差及 HPR 运算均值也会变化。f 为 0 时，标准偏差（或其平方、方差）等于 0。随着方差增加，f 值将接近 1。因此，通过增加国内生产总值的方差，我们使用的 f 值就会更加偏向 f 曲线图的右侧。然而，曲线图及其最高点都不会改变。唯一会改变的只是我们在曲线图上的位置。所以，我们能使国内生产总值的方差增长越多，就能更好地抑制渐增联邦赤字增长。

然而，我们的政策一直与这个理念完全相反。在经济低迷期，我们就通过降低税率及政府补贴激励手段来刺激经济。在经济膨胀时期，我们的重心就倾向于抑制通货膨胀，并普遍提高税率。这些政策仅有利于增加联邦赤字的增率。这种情况下的数学运算表明，政府不应该试图抑制国内生产总值每季度、每年间的波动。政府及联邦政策抑制经济循环的行为，将会让我们在比渐增赤字必要的增长更高的增长率方面，付出沉重的代价，尽管并不明显表现出来。如果我们想要最小化联邦赤字的增长率，这正是我们不应该做的。

附录二
管理费的权责发生制及时域加权的误导性本质

通常情况下，如果让其他人（管理者）管理你的账户，管理者向账户收取的费用不是以月为单位（他们往往会以季度为单位收取费用）。管控机构（比方说在美国的管控机构）坚持这些费用应该按月收取。如果这些费用真的是按季度支付，那么这些管理人员的性能表一定是通过称为费用累计的会计运算被篡改过的。

用一个简单化的例子将有助于说明费用累计的误导性本质。假定有一个 $10 000 的假想账户，一个假想经理人对其进行了假想为期三个月的交易。再进一步假设这个经理收取的唯一费用是一份 20% 的激励费。也就是说，经理所赚的增值股本仅有 20% 用于酬金，且在每个季度末，当股本再创新高时，新旧增值股本的差额中的 20% 会以激励费的形式支付给经理。这是十分典型的托管期货账户。

月份	初始额	月变化	事实支付费用	最终额	收益率
1 月	$10 000			$10 000	0.00%
2 月	$10 000	$20 000		$30 000	200.00%
3 月	$30 000	($15 000)	$1 000	$14 000	-53.33%

这个账户最初是有 $10 000，在三月底支付 $1 000 酬金后，季度末有 $14 000。这与 TWR 是一致的，我们将收益率纵列加一，再将其相乘就可得出：

$$1 * 3 * 0.4667 = 1.4$$

然而，当我们每月累计例中的费用时，可以得到：

月份	初始额	月变化	累计费用	最终额	收益率
1 月	$10 000			$10 000	0.00%
2 月	$10 000	$20 000	$4 000	$26 000	160.00%
3 月	$30 000	($15 000)	($3 000)	$18 000	-40.00%

注意在季度末，支付费用后净额仍为 $1 000。但是我们演算 TWR 时，

基于通过将收益率加一将其转化为 HPR，可以得到 1 * 2.6 * 0.6 = 1.56，这表明账户数额在一个季度结束后应为 $15 600。

由于费用累计的本质产生的差异将导致月收益标准偏差的降低，且不会补偿性地降低月收益的运算均值。因而，它使得直角三角形的底边长减小，而不会减小斜边长。使直角边（几何平均收益）能够符合要求的唯一方法就是使其增长。

可以说，两个图表中的期末余额都是 $14 000，将其除以两个图表中的期初余额，即 $10 000，可以得到同一个结果——获得40%的收益。毕竟，有谁会将月收益率转化为 HPR，并将其相乘，得出 TWR，然后将所得结果减去 1，以得到几何平均收益呢？

但这正是正在发生的事情！一个普遍的绩效衡量指标叫做 VAMI，它代表在项目初期投入的 $1 000 数额。事实上，VAMI 只是任何特定月份的 TWR 乘以 1 000 的结果。以下是非权责发生制的表格：

月份	初始额	月变化	事实支付费用	最终额	收益率	VAMI
1月	$10 000			$10 000	0.00%	1000
2月	$10 000	$20 000		$30 000	200.00%	3000
3月	$30 000	($15 000)	$1 000	$14 000	−53.33%	1400

在权责发生制费用表格上加上 VAMI：

月份	初始额	月变化	累计费用	最终额	收益率	VAMI
1月	$10 000			$10 000	0.00%	1000
2月	$10 000	$20 000	$4 000	$26 000	160.00%	2600
3月	$30 000	($15 000)	($3 000)	$18 000	−40.00%	1560

这个 VAMI 数值不仅被许多潜在投资者看成将绩效表中的所有无价值的会计方面的东西净化成有意义的数据的一种方式,也是许多寻找账户经理的服务机构十分依赖的。因此,这个误导性的本质以很多不同方式过滤掉了潜在投资者领域。

因此,权责发生制计费会误导潜在投资者,因为它倾向于夸大绩效。尽管这个例子很极端,却也很典型,它表明如果以权责发生制计费,一季度的收益率为56%,而事实上获得的收益只有40%。因此,管控机构要求绩效表中要有应计费用,提倡了一种误导性的行为,因而对潜在投资者极为不利。讽刺的是,这恰恰与管控机构应该努力做的事情相反。

增加固定资产及退股的时域加权就是另一个误导性的理念,在托管资金行业十分普遍。然而,这个理念倾向于减少实际收益量,从而对资金管理人员产生消极影响。通常来说,时域加权需要将收益计算为一个函数,表示出在一段时期(通常是一个月)内,资金有多少天是可用的。因此,如果开了一个十六天的账户,且将那个月算为三十天,那么对经理来说资金可用的时期为这个月的 0.5。那么账户在那个月的收益就会翻一番。所以,如果那个账户在那个月获得了 10% 的收益,那么显示出的就是 20% 的收益。同样,在那个月损失 10% 也会显示为 20%。采取直线外推法不太真实,但直线外推应用乘法,而不是加法。换句话说,如果要将这个例子中的 10% 的收益外推为这个月的余额,应为 $1.1 * 1.1 = 1.21$,或 21% 的收益。同样,此例中的 10% 的损失应计算为 $0.9 * 0.9 = 0.81$,或者这个月亏损 19%。

如果在一个月内,资金仅在一两天内是可用的,汇报的收益就变得更加不可信了。一个顾问如果被要求使用增加固定资产及退股的时域加权,在开通一个账户一天,就在那一天损失 $3\frac{1}{3}\%$ 的情况下,可能就会需要汇报账户在那个月的损失,而它超过了 100%!(这里所显示的乘法也是不可靠的,近在较小程度上,你将不会获得超过100%的收益,且其不会对经理不利。然而,它也是一种外推法,假设在这个月内的其他时间与资金可用期间的收益没有差别。)

这些误导性要求,即收益计算中的管理费的权责发生制及增加固定资产及退股的时域加权形成了非常大的不可靠因素。这些理念误导了公众。这就与接受2+2=5这个理念类似,只因为一些不公的小故障表明出了这一点。如果管控机构不坚持这样一些误导性的数学规划,投资经理及投资公众状况都会更好。

参考文献

1. 托马斯·S. 库恩,《科学革命的结构》,芝加哥大学出版社,1962.

2. 约翰·冯·诺依曼和阿斯克·摩根斯顿,《博弈论与经济行为》,普林斯顿大学出版社,1944.

3. 克劳德·香农,《通讯的数学理论》,《贝尔系统技术杂志》,1948年10月,379-656页.

4. J. L. 凯利,《信息率的新解读》,《贝尔系统技术杂志》,1956年7月,917-926页.

5. E. O. 索普,《击败庄家》,纽约:古典书局,兰登书屋出版社,1966.

6. E. O. 索普,《凯利资金管理系统》,《赌场时代》,1980年12月,91-92页.

7. 弗雷德·格姆,《商品市场资金管理》,纽约:威利出版社,1983.
8. 拉尔夫·温斯,《投资组合管理公式》,纽约:威利出版社,1990.
9. 拉尔夫·温斯,《资金管理的数学》,纽约:威利出版社,1992.

第 2 章 资金收益增长、效用与有限流的规律

因为本书讨论的是资金收益增长方面的数学,所以我们必须要研究资金收益增长规律。当谈及数学领域的资金收益增长时,我们可以从资金收益增长函数或相应的增长率方面来论述。

我们可以将资金收益增长函数分为三个不同的类别,每一种类别都涉及一个增长率。图 2-1 将这三种类别表示为 B、C、D 三条线,并将其增长率分别表示为 A、B、C。每一个增长函数的正左方都有其增长率。

因此,对于增长函数 B,即线性增长函数,其增长率是 A 这条线。此外,尽管 B 本身是一个增长函数,它也代表了函数 C 的增长率,即指数函数增长率。

注意有三个增长函数:线性增长函数、指数增长函数及双曲线增长函数。因此,双曲线增长函数有一个指数增长率,而指数增长函数有一个线性增长率,线性增长函数有一个直线增长率。

在这里,x 和 y 轴都很重要。在谈论增长函数(B、C、D)时,Y 轴表示数量,而 X 轴表示时间。在谈论增长率时,Y 轴表示数量随时间的变化(增长率),而 X 轴表示数量。

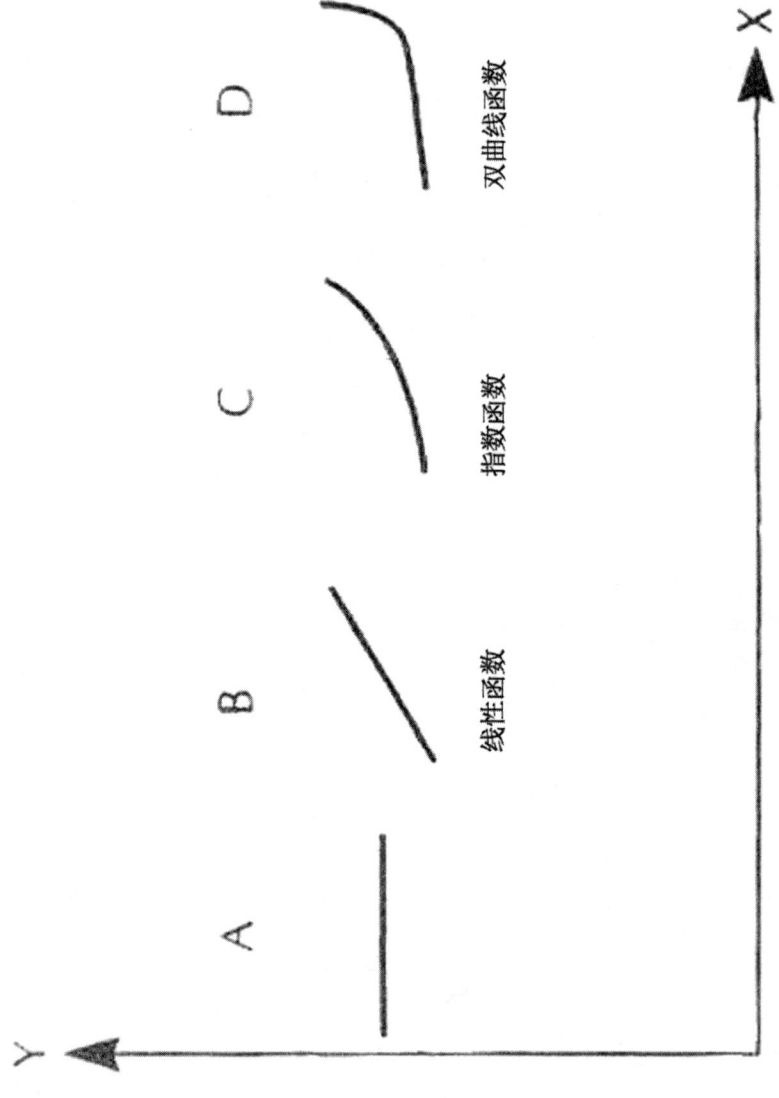

图2-1

第 2 章 资金收益增长、效用与有限流的规律

当我们谈到一般意义上的增长率及函数，往往指的是某物的总体增长。这三个增长函数中最基本的是线性增长函数，即 B 线，及其增长率，即 A 线。以线性增长为特征的种群成员往往更容易达成一定程度的共存。

接下来，我们谈谈指数增长函数，即 C 线及其增长率，即线性 B 线。在这里，我们可以发现在种群的成员之间存在竞争，并且盛行适者生存法则。然而，在指数增长函数，又可能会出现变化，它有选择优势，并会自我形成。

最后，在双曲线增长函数即 D 线及其（指数）增长率 C 线中，我们发现情况不同。不像指数增长函数有一个线性增长率，双曲线增长函数的增长率是指数本身。也就是说，数量越多，增长率就越快！因此，双曲线函数不像指数函数，会达到一个我们称之为奇异点的点。也就是说，它会达到一个变得无限大的点，一条垂直渐近线。这对于指数增长函数来说不是正确的，在指数函数中仅仅会变得越来越大。在双曲线函数中，我们也可以发现在群体的成员之间存在竞争及适者生存特征。然而，因为总体中的其他部分正在以如此快的速度增长，所以在双曲线函数的演变中的一个特定点，几乎不可能会出现有选择优势、会自我形成的变化。

在指数或双曲线增长函数中，如果在总体中的竞争物种之间有功能联系，就将产生以下任意结果：

1. 增强合作伙伴之间的竞争；或
2. 合作伙伴之间的相互稳定性；或
3. 群体中所有成员的区别。

群体的概念也是本书中一个循环主题，几乎不可能在不谈及群体的情况下探讨资金收益增长数学。资金收益增长数学就是总体增长与本书所说的新框架之间的胼胝体。

人口数量增长

在人类进化的前两百万年后,地球上最多有一千万人口。而且,在大约一万年前,在新石器时代,人口总量开始以很快的速率增长。尽管很多数据都是粗略的,但我们可以估算最近两千年地球上的人口总量(图2-2):

年份	以十亿为单位总人口估算值
0	0.25
1650	0.5
1850	1
1930	2
1990	5.3

如果我们做一些简单的数学推断,很快就可以明白符合这些点的增长函数是具有单一性的双曲线函数,总人口猛增至无穷大的渐进线就在下世纪中期左右!

这个函数是双曲线,是因为平均预期寿命一直在增长。更多女性达到生育年龄。这就导致总人口数翻倍要花的时间增加,它已经低于预期寿命!

请注意这个图表中我们达到的人口数量是在一些灾难发生后得出的,例如十四世纪的黑死病夺去了欧洲三分之二人口的生命,一些世界战争(最近的一次战争夺去了约五千万人口的生命,其中仅在俄国就有两千七百万),还有自然通过这种方式向我们提出挑战的其他一切事物。因此,即使一些灾难足以使欧洲三分之二的人口丧生，但其对现在的影响只是会将渐近线的时间往后推一点而已。

对未来总人口的预测会有变化，很可能最乐观的预测是在2075年世界总人口达到八十至九十亿。这是根据出生率及死亡率在所有陆地上都呈平稳状态而预测的。联合国1990年的报告并不太乐观，它称如果实施某种世界总人口控制措施，那么世界总人口在下世纪末将达到113亿；如果没有的话，这个数字很可能最高会达到140亿。

我们在图2-2中所看到的明显的问题就是，总人口增长是一个双曲线函数，其渐近线大约在下世纪中期左右。这些都非常接近于历史事实及其未来的数学推断。

既然实际上我们的总人口不可能变得无限多，那我们能够预测什么呢？通过图2-2的图表，你就可以看到以目前的速率，差不多在下世纪中期之前，总人口大小将成为一个主要问题。

我们可以很容易想到许多灾难性的方案，这些方案大致上可以分为两大类，第一类是人与人之间的——某种第三次世界大战方案。毫无疑问，有足够的证据表明这很有可能会降低我们的排名。

还有一类是人与自然方案，尤其是在人与人方案不会很快表露时，我们可能见证了世界上许多新兴病毒及可复原细菌。不仅仅是艾滋病病毒，还有其他我们正遭受到的感染性更高的病毒，例如埃博拉病毒或细小病毒，它们可能即将要彻底摧毁我们人类。

有一个半乐观性的方案，有点奇怪但也许很可能发生，我将其称为太空站方案，在此方案中，我们在下个世纪开始居住于外太空，从而确保我们能够作为一个物种而生存。这个方案可以长期容纳的总人口比地球单独能够容纳的要多得多。然而，这个方案并不意味着地球上的人口过剩将会得到缓解；它仅仅是可以容纳更多的总人口数。

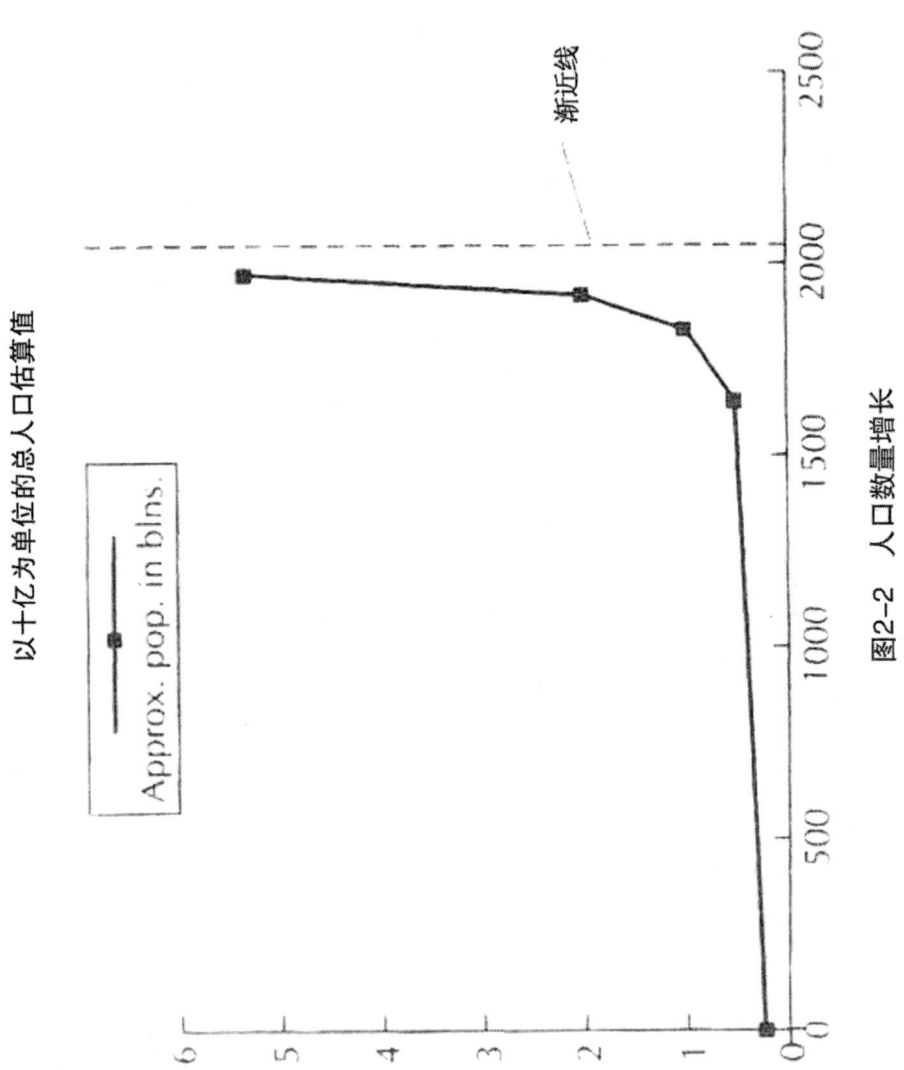

图2-2 人口数量增长

第 2 章 资金收益增长、效用与有限流的规律

很明显,在我们描绘方案时,有一个最重要的主题。我们必须以某种方式接受一个世界总人口控制政策,否则我们将会由于自然进程而被迫接受。只有一个严格控制的人口数量,用线性增长函数(例如在中国实施的计划生育政策),不对地球资源造成巨大压力,才能保证我们的长期和平的生存。

与此相反的任何东西都仅仅是对双曲线增长函数的数学的无知!这是通过所谓的绿色运动充分证明了的。我并不是挑这场运动的原则的错处。基本上,这个所谓的绿色原则是有必要的。然而,它们对于我们总人口上的问题来说还是次要的,总人口由于其本身的性质,以双曲线形式增长。随着总人口继续这样增长,我们将会面临环境灾害,无论是在我们都骑马的情况下造成的过度沼气,从而使臭氧层衰竭,还是在我们都开电瓶车所造成的环境问题及其达到的电力需求。

一个汽车驾驶员如果遇到交通阻塞,可能会将其归咎于现代科技生活的低效率,但他所遭遇的交通堵塞是由于人口增长,而且无论他和其他驾驶员是在现代汽车时期还是马车时代,这都是会发生的。

总人口由于其本身的性质以双曲线形式增长的这个事实是我们面临的唯一一个最大的挑战,而且这时从历史或是任何方面探讨增长率,而不从总人口增长方面探讨都是不明智的。

关于这一点,我们研究得差不多了。接下来回到总体资金收益增长,尤其是交易方面。

交易是指数形式的,而不是双曲线形式。但如果因为你的绩效很有希望,有人愿意为你提供资金进行交易,而且他提供几乎无限量的资金,那么你的交易就将会是双曲线式的。这就如同托管资金。资金管理者面临的困难就是无限量资金提供者提出对资金管理者停止支付:如果你的绩效很有希望。在本书最后一章中,我们将探讨处理这种情况的方法。

最大化预计平均复合增长率

迄今为止,在本书及其前两本书中,我们着眼于找到渐进占主导地位的 f 值。也就是说,我们在探索一个特定市场系统的一个单独的 f 值,如果在交易之间确实存在独立性,那么这个系统就一定会随着交易数量(或持有期)趋向于无限,而最大化几何增长。也就是说,从长远看,我们最终几乎一定会比使用其他资金管理策略能获得更多收益。

记得之前提过,如果我们只有一场赌局,那么我们就通过最大化运算平均持有期收益(即 $f=1$)来最大化资金收益增长。如果我们有无限多的赌局,我们就通过最大化几何平均持有期收益(即 $f=$ 最优 f)来最大化资金收益增长。然而,真正最优 f 是一个时间长度与我们将进行的赌局的有限持有期收益数量的函数。

对于一个持有期收益,一场运算数学期望为正值的赌局的最优 f 将始终等于 1。如果我们在 f 值不是 1 时下注,并仅在一个持有期后退出,我们就将不能最大化期望平均几何增长。我们所认为的最优 f 只会在你打算进行无数次持有期的赌局时才会是最优的。一场运算数学期望为正值的赌局的真正最优 f 开始于 1,然后随着持有期数量接近无穷,而趋向于我们所称的最优 f。

为了理解这一点,我们再一次提起我们决定最优 f 为 0.25 时的二对一抛硬币比赛。也就是说,如果每一场抛硬币比赛都与前一场无关,那么通过在每一局中下注 25%,我们就一定会随着比赛的继续进行,抛硬币次数(即持有期数量)接近无穷,而最大化几何增长。也就是说,我们的期望平均几何增长——我们期望的最终结果,作为一个期望值,考虑到每种可能的结果组合——在我们每局下注25%时将会是最大的。

首先考虑第一场抛硬币比赛。这一局有50%的几率赢两美元，及50%的几率输两美元。在第二场中，有25%的几率在第一场比赛赢两美元并在第二场赢两美元，25%的几率在第一场比赛赢两美元并在第二场输一美元，25%的几率在第一场比赛输一美元并在第二场赢两美元，还有25%的几率在第一场比赛输一美元并在第二场输一美元（我们知道这些几率是正确的，是因为我们已经声明了前提条件：这些比赛都是独立的——参见下一章的"随机独立性"）。这些组合以树形结构适时出现。因为在这个方案图谱中，我们只有两种方案（正面朝上和反面朝上），这个树形图的每个节点只有两条分支。如果我们在此图谱中有更多方案，这个树形图的每个节点就会有那么多的分支：

抛硬币比赛#

{1}	{2}	{3}
		正面朝上
	正面朝上	
		反面朝上
正面朝上		
		正面朝上
	反面朝上	
		反面朝上
		正面朝上
	正面朝上	
		反面朝上
反面朝上		
		正面朝上
	反面朝上	
		反面朝上

如果我们在第一局下注25%然后退出，我们就将不会最大化预计平均复合增长率（EACG）。

那如果我们在第二场抛硬币比赛后再退出呢？既然知道当我们将要在一局比赛后退出时，那么在 $f = 1$ 时下注，及如果我们将要进行无限量时间的比赛，在最优 f 处下注，就可以最大化预计平均复合增长率，那么我们的最佳投注应该是多少呢？

如果我们回去最优化 f，允许一个用于第一局及第二局的不同的 f 值存在，带着最大化在第二局结束后会达到的平均几何均值HPR的目的，我们就能发现以下几点。首先，在两场比赛后退出的最优 f 接近渐进最优值，从在第一局后退出的1.0到在第一局和第二局都完成后的0.5。也就是说，如果我们将在第二局结束后退出，我们在第一局和第二局中的最佳投注应该是0.5，以最大化收益。（记住，我们可以让第一局的 f 值与第二局的不同，但它们在这个例子中是一样的：0.5。事实就是，如果你正着眼于最大化收益，有限及无限流的最优 f 值应该是统一的。）

如果我们采取前两种可能的抛硬币组合，我们就能明白这点：

抛硬币比赛#

{1}	{2}
	正面朝上
正面朝上	
	反面朝上
	正面朝上
反面朝上	
反面朝上	

第 2 章 资金收益增长、效用与有限流的规律

这可以通过以下结果表现出：

抛硬币比赛#

{1}	{2}
	2
2	
	-1
	2
-1	
	-1

这些结果可以表示为不同 f 值的持有期收益。接下来，它将显示为第一局中 f 值为 0.5，及第二局中 f 值为 0.5：

抛硬币比赛#

{1}	{2}
	2
2	
	0.5
	2
0.5	
	0.5

现在，我们可以通过乘以树形图上的接下来的赛局，将第一局之后的所有抛硬币赛局表示为 TWR。在树形图上的最后一局之后的数目（括号中的数字）就是最后带入到 1/n 的开方的 TWR，n 等于 HPR 或赛局的数量（此例中为 2），并代表树形图上末端节点的几何均值 HPR：

抛硬币比赛#

{2}	{1}
4 (2.0)	
2	
	1 (1.0)
	1 (1.0)
0.5	
	0.25 (0.5)

现在，如果我们将所有几何均值 HPR 加起来，并取它们的运算均值，就能得到预计平均复合收益：

$$\frac{\begin{array}{c}2.0\\1.0\\1.0\\0.5\end{array}}{4} = \frac{4.5}{4} = 1.125$$

因此，如果我们将在两局比赛后退出，而在有限次数（即在两局后退出）中做同样的事情，我们在每一局中的最佳投注就会是 0.5，从而最大化 EACG。

注意我们在第一局中并不是在 f 为 1.0 时下注，尽管如果我们在一局之后退出的话，那样能够最大化预计平均复合增长率。相反，如果我们打算在两局之后退出，我们可以通过在第一局和第二局中都投注 0.5 来最大化 EACG 增长。

注意为了最大化收益的最优 f 在所有赛局中都是一致的，而它是一个

第 2 章 资金收益增长、效用与有限流的规律

关于你的赌局将进行多久的函数。如果你将仅在一局之后退出,那么最优 f 就是最大化运算均值 HPR 的 f 值(对于一场有正面预期结果的赛局,f 始终是 1.0,而对于一场有负面预期结果的赛局,f 是 0.0)。如果你正在进行一场有正面预期结果的赛局,那么随着你退出后的时间的增长,最优 f 会持续降低,而且如果你无限期地继续下去,最优 f 会逐渐地变成最大化几何均值 HPR 的 f。在一场有负面预期结果的赛局中,最优 f 只会始终保持为 1。

然而,你用于最大化收益的 f 始终是一致的,并且,那个统一数量是关于你在什么时候退出这个赌局的函数。如果你在进行二对一抛硬币赌局,而且打算在一局后退出赌局,那么你的 f 值的最优收益就是 1.0。如果你打算在两局后退出,那么你在第一局的最优 f 就是 0.5 的最大化收益,第二局也是 0.5。注意,如果你打算通过在第二局结束时退出赌局来最大化 EACG,那么你就不要在第一局下注 1.0。同样,如果你打算将这场赌局不限时地进行下去,那么你最好在第一局下注 0.25,并在随后的每一局中下注 0.25。

注意关键词是不限时,而不是无限期。所有时间流都是有限的——我们最终都将会死亡。因此,当我们将最优 f 称为最大化预计平均复合收益的 f 时,我们指的是在不限时地进行这个赌局时,将其最大化的那个 f 值。事实上,这略微有些未达到最佳标准值,因为我们没有人能够将赌局不限时地进行下去。而且将最大化 EACG 的 f 值将会稍微偏高——将会使我们接受比我们所称的最优 f 稍微更多的位置。

那么如果我们打算在三局后退出呢?那么最大化预计平均复合收益的 f 不应该更加低于在两局后退出时的 0.5 吗,还是大于一场不限时长的赌局的最优值 0.25?

我们仔细观察一下这里的组合树形图:

资金管理新论：资产配置的一个新框架

抛硬币比赛#

{1}	{2}	{3}
		正面朝上
	正面朝上	
		反面朝上
正面朝上		
		正面朝上
	反面朝上	
		反面朝上
		正面朝上
	正面朝上	
		反面朝上
反面朝上		
		正面朝上
	反面朝上	
		反面朝上

把这些转化成结果就是：

抛硬币比赛#

{1}	{2}	{3}
		2
	2	
		−1
2		
		2
	−1	
		−1
		2
	2	
		−1
−1		
		2
	−1	
		−1

第 2 章 资金收益增长、效用与有限流的规律

如果我们在第三局之后退出时，返回去使用电脑，并迭代到最大化预计平均复合收益的 f 值，我们就会发现它是 0.37868。因此，在每一局根据 f 值是 0.37868 而将结果转化为 HPR 就会得到：

抛硬币比赛#

{1}	{2}	{3}
		1.757369
	1.757369	
		0.621316
1.757369		
		1.757369
	0.621316	
		0.621316
		1.757369
	1.757369	
		0.621316
0.621316		
		1.757369
	0.621316	
		0.621316

现在我们可以通过乘以树形图上的后面的赛局，将第一局之后的所有赛局表示为 TWR。在树形图上最后一局之后的数目（括号中的数字）就是最后带入到 $1/n$ 的开方的 TWR，n 等于 HPR 或赛局的数量（此例中为 3），并代表树形图上末端节点的几何均值 HPR：

抛硬币比赛#

{1}	{2}	{3}	
		5.427324	(1.757365)
	3.088329		
		1.918831	(1.242641)
1.757369			
		1.918848	(1.242644)
	1.09188		
		0.678409	(0.87868)
		1.918824	(1.242639)
	1.091875		
		0.678401	(0.878676)
0.621316			
		0.678406	(0.878678)
	0.386036		
		0.239851	(0.621318)

$$\frac{8.742641}{8} = 1.09283 \text{ 是预计平均复合增长率（EACG）}$$

如果你对此有一点怀疑，我建议你倒回去再浏览一下前面几个例子，无论是用钢笔还是铅笔还是电脑，找到产生的 EACG 比以上所示的数值更大的 f 值。你可以选择不统一 f 值，也就是说，f 值在每一局中都可以改变。你会发现你得到的答案与我们所得到的一样，并且那个 f 值是统一的，但是也是关于赌局时间长度的一个函数。

这样，我们可以得出以下结论：

1. 为了最大化预计平均复合增长率（EACG），我们一直在最后都会得到一个统一的 f。也就是说，f 值在一场接一场的赌局中都是统一的。

2. 在最大化 EACG 方面的最优 f 是一个关于赌局时间长度的函数。一场运算数学期望为正值的赌局的最优 f 开始于 1.0，即最大化运算均值 HPR 的数值，并在每一局都略微减小，然后逐渐接近最大化几何均值 HPR 的那个数值（我们称之为——并且将贯穿始终——最优 f）。

3. 因为无论时间有多长，所有时间流的长度都是有限的，那么无论我们交易多久，通过以我们所称的最优 f 交易，我们得到的结果总是会略微有些不理想。然而，差异会随着每个持有期的过去而减弱。最终，我们会偏向真正最优的最高值的左侧。这并不是说所有与杠杆空间的 $n+1$ 维格局图有关的事物——你在每个交易系统的最优 f 的哪一侧产生的损失与收益——都不是真的。然而，这个格局图确实是一个关于你在第几个持有期时退出的函数。我们用书中的方法设计的格局图就是渐进顶垂线——在我们继续赌局时，这个格局图会接近的地方。

要理解这一点，我们就要继续用二对一抛硬币案例了。在这个图表中（图 2-3），我们可以看到如果在 8 局中的第一局退出，最大化其预计平均复合增长率的最优 f 值是什么。注意它是如何接近 0.25 的最优 f 值的，这个值随着持有期数量接近无穷时，会逐渐最大化增长率。

二对一抛硬币比赛#

在 HPR#后退出	最大化 EACG 的 f
1	1.0
2	0.5
3	0.37868
4	0.33626
5	0.3148
6	0.3019
7	0.2932
8	0.2871
.	.
.	.
.	.
无穷大	0.25（这就是我们所指的最优 f 值）

事实上，如果我们以本书中所称的最优 f 进行交易，我们得到的结果将始终略微有些不理想，且程度会随着越来越多的持有期的过去而降低。如果我们确切地知道我们将进行的交易有多少个持有期，那么我们就可以使用那个最大化 EACG 的 f 值（将会略大于最优 f），而且这是真正最佳的方案。遗憾的是，我们很少能够确切地知道我们将进行的交易有多少个持有期，但是幸亏我们所称的最优 f 会随着更多持有期的过去而接近最大化 EACG 的最优值。在本书最后一章，我们将会了解持续主导方法，这让我们能够在有一种流动/闲置分股时（即某人在任何时候的交易低于最优 f）接近最大化 EACG 的理念。

注意这些理念中没有一个说明或甚至是提到旧均值方差、风险收益模式。旧模式忽视了杠杆作用，而它几乎是完全有效的。这是选择这个新模型的另一个原因。

第 2 章 资金收益增长、效用与有限流的规律

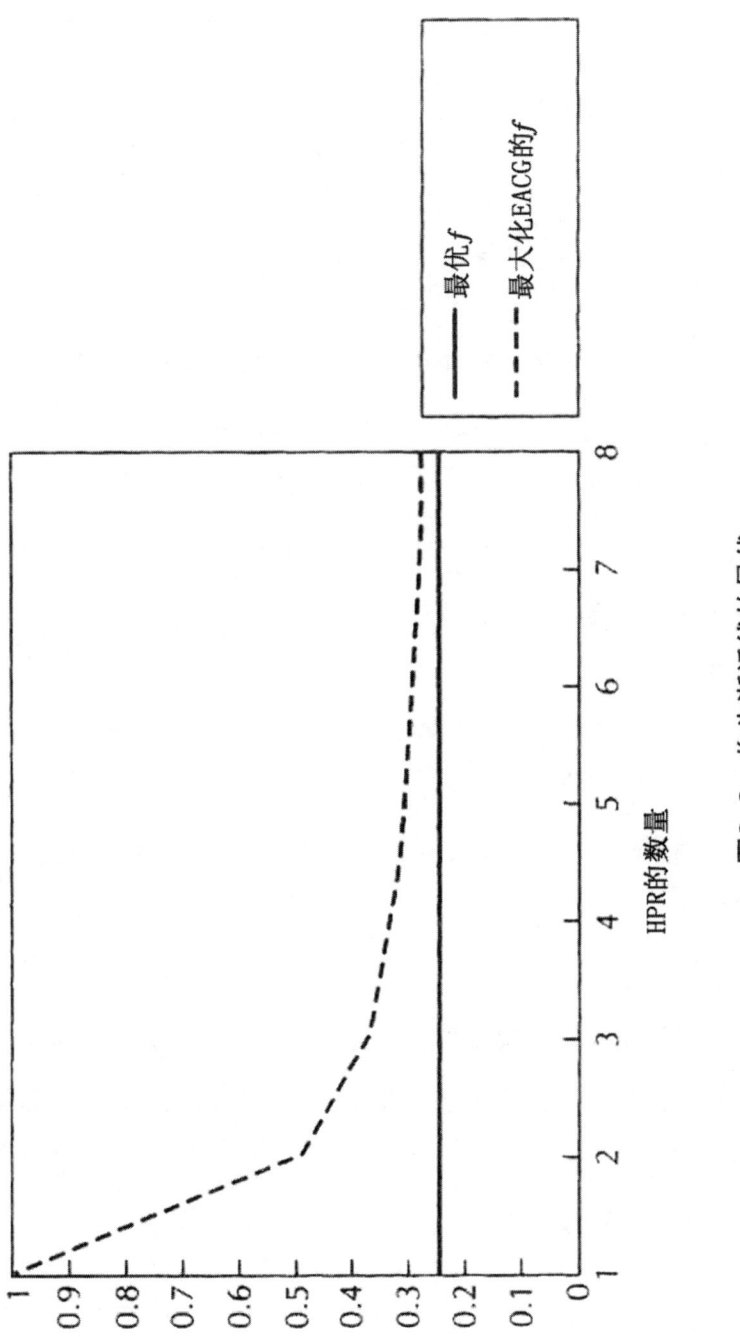

图 2-3 作为渐近线的最优

效 用 理 论

一般说来，本书自从几何均值最大化因仅能够最大化 $\ln x$ 事例的效用而遭受批评，就提出对于效用理论的研究；也就是说，他们只想要最大化财富，而不是投资者满意度。本书试图表明无论一个人的效用偏好函数是什么，几何均值最大化都是可应用的。因此，我们这时必须研究一般意义上的效用理论作为基础。

人们往往抨击效用理论是用于解释投资者行为的一个象牙塔式的学术建构。只可惜这些抨击大多数来自于做出这个"所有投资者效用函数都是 $\ln x$"的先验假设的人；也就是说，他们力图最大化财富。然而作者并不是十分支持效用理论的人，我接受这个理论，是因为缺乏对于投资者偏好的更好的解释。然而，我极力认为如果一个投资者的效用函数不是 $\ln x$，那么市场及总体投资在处理这个问题或试图最大化一个人的效用上都处于不利地位——无论你的效用偏好曲线图如何，你都处于第一章所说的 $n+1$ 维格局图中，并且你将因为未达最佳标准而付出真正的货币后果。简而言之，市场在发现你不是一个财富最大化者上处于不利地位。在处理那个问题时，精神病医生的诊察台的环境可能更温和。

预计效用定理

在机场，有一个人有 500 美元，但他要买的票需要 600 美元。有人提供给他一场赌局，有 50% 的几率赢 100 美元，也有 50% 的几率输 500 美元，那么这个赌局对他来说划算吗？在这种情况下，我们假定这是生死攸关的状况，他必须要买这张票，那么这就是一场划算的赌局。

此例中的数学期望效用与数学期望财富大大不同。因为如果我们运用效用理论，我们通过其数学期望效用而不是财富来确定其是不是划算的赌局，我们假设这个例子中的数学期望效用是正值，但是数学期望财富却不是。在这里，我们将效用与满意度看成是有同样的意思。

因此，就有了我们所称的预计效用定理，它认为投资者拥有一个效用财富函数 $U(x)$，其中 x 是财富，他们将会力图将其最大化。因而，投资者将会选择那些会最大化其效用财富函数的投资决策。只有在效用偏好函数 $U(x)=\ln x$ 时，也就是当财富效用或满意度等于财富值时，预计效用定理才会与财富最大化产生同样的结果。

效用偏好函数的特征

效用偏好函数有五个主要特征：

1. 效用函数的独特性取决于一个正面线性变换。因而，一个效用偏好函数，例如前述的 ln$x$，将会导致选择为一个效用函数 25 + ln$x$ 的投资与 7 * ln$x$ 的效用函数或其中一种形式（lnx）/1.453456 的一样。也就是说，被一个正的常数所影响（加、减、乘或除）的一个效用函数将导致选择同样的投资。因而，它将产生与前述正的常数影响函数同样的一些最大化效用的投资。

2. 多优先于少。在经济学中，这往往称为非饱和性。换句话说，当结果是特定的，或它们的可能性相等，一个效用函数决不能导致选择更少财富值的，而不是更多财富值的。因此，效用必须要随着财富值的增长而增长，而与财富值相关的效用一阶导数必须是正值。也就是：

$$U'(x) >= 0 \qquad [2.01]$$

如果将效用作为纵坐标，而财富值作为横坐标，那么效用偏好曲线图绝不能有负斜率。

效用偏好函数等于 ln$x$ 表示了 x^{-1} 的一阶倒数。

3. 关于投资者对风险的反应，也称为风险规避，有三种可能的设想。他或是规避风险，或是持中立态度，或是追求风险。这些都可以从一场公平赌博方面来加以解释。如果我们设想一场公平的赌局，如抛硬币赌局，正面朝上赢一美元，反面朝上输一美元，我们可以看到运算期望财富值是 0。一个规避风险的人就不会接受这个赌局；然而，一个追求风险的人将会接受。对风险持中立态度的投资者就会对于是否接受这一赌局漠不关心。

风险规避与效用偏好函数或 $U'''(x)$ 的二阶导数有关。一个规避风险的人会有一个负二阶导数，而一个追求风险的人有一个正二阶导数，而对风险持中立态度的人的效用偏好函数的二阶导数为 0。

第2章　资金收益增长、效用与有限流的规律

图2-4基于投资者的风险规避水平 $U''(x)$，表示了效用偏好函数的三种基本类型。效用偏好函数等于 $\ln x$ 表示的是中立水平的风险规避。投资者对于一场公平赌局漠不关心。① 效用偏好函数等于 $\ln x$ 的二阶导数是 $-x^{-2}$。

4. 效用偏好函数的第四个特征是关于一个投资者的风险规避水平是如何随着财富值的变化而改变的。

这被称为绝对风险规避。另外，它有三种可能的种类。第一类是表示要增加绝对风险规避的人。随着财产的增长，他就持有更少金额的风险资产。其次是有恒定绝对风险规避的人。随着他的财产的增长，他持有的风险资产的金额不变。最后是表示要减少绝对风险规避的人。随着这个人的财产的增长，他就想要持有更多风险资产金额。

确定绝对风险规避 $A(x)$ 的数学公式如下所示：

$$A(x) = \frac{-U''(x)}{U'(x)} \quad [2.02]$$

现在，如果我们想要了解绝对风险规避是如何随着财富值的变化而变化的，我们就要将关于 x（财富值）的 $A(x)$ 的一阶导数带入，并得到 $A'(x)$。因而，如果一个人的绝对风险规避增长，那么他将得到 $A'(x)>0$，若绝对风险规避保持不变，那么 $A'(x) = 0$，若绝对风险规避降低，那么 $A'(x)<0$。

效用偏好函数等于 $\ln x$ 表示的是绝对风险规避降低。因为当它等于 $\ln x$ 时

---

① 事实上，投资者应该拒绝一场公平赌局。因为一个投资者要使用的资金数额是有限的，所有有一个低吸收壁垒存在。这表明如果一个投资者再三接受公平赌局，那么达到低吸收壁垒就只是时间问题了。也就是说，如果你一直接受公平赌局，最终你将会破产，这发生的可能性接近100%。

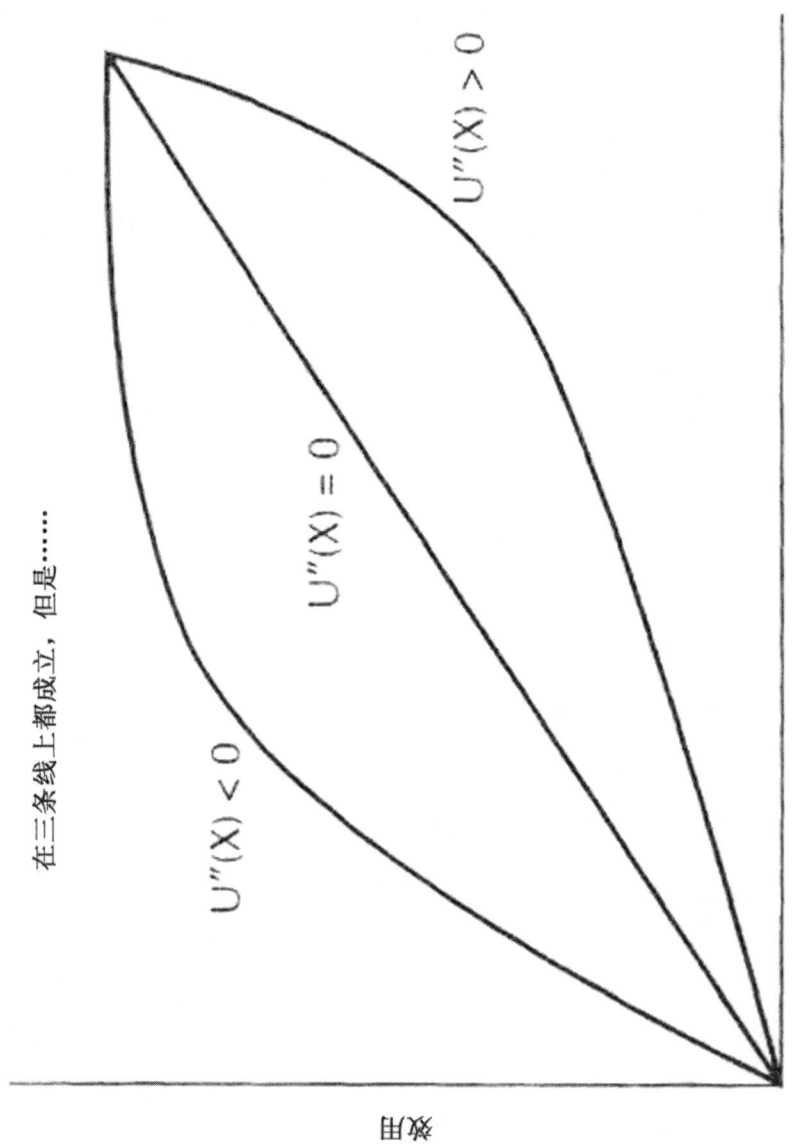

图2-4 效用偏好函数的三种基本类型

第 2 章　资金收益增长、效用与有限流的规律

$$A(x) = \frac{-(-x)^2}{x^{-1}} = x^{-1} \quad 且 \quad A'(x) = -x^{-2} < 0$$

5. 效用偏好函数的第五个特征是关于投资于风险资产的财富比率是如何随着财富值的变化而改变的。这被称为相对风险规避。也就是说，这是关于随着财富值的变化，风险资产的比率是如何改变的，而不是你的资金数额是如何改变的。另外，它也有三种可能的种类：增长、恒定及降低的相对风险规避，分别指的是投资于风险资产的比率增长、保持不变或降低。

确定相对风险规避 $R(x)$ 的数学公式如下所示：

$$R(x) = \frac{(-x * U''(x))}{U'(x)} \quad [2.03]$$

因此，相对风险规避的一阶导数 $R'(x)$ 表明了随着财富值的变化，相对风险规避是如何变化的。那么，表示出增长、恒定及降低的相对风险规避的人的 $R'(x)$ 将会分别显示为正值、0 及负值。

效用偏好函数等于 $\ln x$ 表示的是相对风险规避恒定。因为当它等于 $\ln x$ 时

$$R(x) = \frac{-x * (-x^{-2})}{x^{-1}} = 1 \quad 且 \quad R'(x) = 0$$

关于经典效用理论的另一种观点

读者应该了解到尽管效用理论被广为接受，但并没有被普遍认为可作为一种对投资者行为的解读。例如，R. C. 温特沃斯（R. C. Wentworth）主张，根据预计效用定理，使用平均值是一种特别的不合理假设。他认为

赌局参与者相信方式比平均值更有优势，而且将会使其达到最大值。

我个人认为温特沃斯在这一领域的作品十分有意思。① 这些文章有些方面尤为有趣。首先，经典效用理论遭受直截了当的抨击，并无意间在世界上每个管理社科部的每个教授之间产生矛盾。非线性效用财富函数的理论基础范例对于这些人来说是神圣的。温特沃斯在方式最大化及演变之间画上了平行线；因而温特沃斯将其称为生存假设。与经典效用理论的对比的缩略草图如下所示：

	效用理论	
独次风险决策 ＋	非线性效用财富函数 →	观察行为
	生存假设	
独次风险决策 ＋	拓展到同等的时间序列 →	完全相同的观察行为

此外，在生态学中有一些有趣的试验倾向于支持温特沃斯的观点，其中提出了类似这样的问题：为什么根据经典效用理论的要求，在一个控制实验中，大黄蜂要寻找花蜜？

那么，究竟为什么要提及经典效用理论呢？本书的目的并不在于预测任何关于效用理论的事情。然而，在效用及资产分配的这个新框架之间存在着相互关系，如果一个人确实同意一个效用框架理念，那么这要如何应用就会表现出来了。本书的这部分是针对那些不熟悉效用偏好曲线图的理念的读者。然而，它并没有明确指出效用函数的有效性，读者应该了解还

---

① 参考 R. C. 温特沃斯的作品《效用、生存及时间：在有利的不确定条件下的决策策略》及《在有利的不确定条件下的风险管理理论》，未出版，奥克兰百老汇街道 8072 号，CA 94611。

有其他非基于效用标准可以解释投资者行为。

找到你的效用偏好曲线图

无论一个人是否认同经典效用理论，考虑到了解自己比不了解自己要好，我们现在将详细说明一种确定自己的效用偏好函数的方法。接下来的内容参考自图尔斯（Tewles）、哈洛（Harlow）及斯托（Stonc）的《商品期货游戏，谁赢？谁输？为什么？》。

首先，你应该确定两个极值，一个正数，一个负数，它们应该表示的是极端交易结果。通常来说，你应该让这个数值比你通常会预期下一场交易盈利或损失的最大数额大三到五倍。

我们就假设你预计在最好的情况下，一场交易将会盈利 5 000 美元，并损失 3 000 美元。因而，我们的最大值可以设为 $20 000，最小值为 -$10 000。

其次，如下所示建立一个表格，最左端的纵列称为最好结果的可能性，并列举十行，这十行的数值从 1.0 开始，逐次降低 0.1，最后降到 0。第二纵列应该是最坏结果的可能性，并且那些可能性仅仅是 1 减去那一行最好结果的可能性。第三列将会是确定等值。在第一行，你将填入最好结果的数值，在最后一行，填上最坏结果的数值。那么，你的表格应该是如下这样的：

P（最好结果）	P（最坏结果）	确定等值	估算效用
1.0	0	$ 20 000	
0.9	0.1		
0.8	0.2		
0.7	0.3		
0.6	0.4		
0.5	0.5		
0.4	0.6		
0.3	0.7		
0.2	0.8		
0.1	0.9		
0	1.0	- $ 10 000	

现在，我们介绍一下确定等值的概念。一个确定等值指的是你将会同意用于代替交易机会的数额或者是你为了避开一个交易机会可能会支付的数额。

你现在应该填写第三列确定等值了。我们将第一行填上 $ 20 000，这仅仅意味着你将立即承兑 $ 20 000 现金，而不是接受一场有100%可能性盈利 $ 20 000 的交易。同样，最后一行我们填入 $ 10 000，这仅仅意味着你将会宁愿支付 $ 10 000，以便不必接受一场有100%的几率损失 $ 10 000 的交易。

第 2 章 资金收益增长、效用与有限流的规律

现在，在第二行，你一定要为一场有 90% 的几率盈利 $ 20 000 及 10% 的几率损失 $ 10 000 的交易确定一个确定等值。你将宁愿接受现金，而不是接受这场交易吗？记住，这是有实际购买力的真实资金，且这场交易的利益或后果将会是即时的，且是现金形式的。我们假设这对你来说值 $ 15 000。也就是说，为了立即获得 $ 15 000 现金，你将会放弃这个有 90% 的几率盈利 $ 20 000 及 10% 的几率损失 $ 10 000 的机会。

你应该完成这个表格的确定等值。例如，当你处于倒数第二行的状况，那么事实上你正在问自己为了不必接受有 10% 的几率盈利 $ 20 000 及 90% 的几率损失 $ 10 000 的交易，你将会愿意支付多少。既然你愿意支付，你应该将这个确定等值填上一个负数。

当你已经完成第三列，你现在必须计算第四列——估算效用一栏。估算效用的公式就是如下所示：

估算效用 = U * P（最好结果）+ V * P（最坏结果）　　　　[2.04]

当 U = 特定常数，在此例中等于 1.0

V = 特定常数，在此例中等于 -1.0

因此，本表格中的第二行：

估算效用 = 1 * 0.9 - 1 * 0.1

= 0.9 - 0.1

= 0.8

当你计算完估算效用一栏，你的表格或许会是如下所示：

P（最好结果）	P（最坏结果）	确定等值	估算效用
1.0	0	20 000	1.0
0.9	0.1	15 000	0.8
0.8	0.2	10 000	0.6
0.7	0.3	7 500	0.4
0.6	0.4	5 000	0.2
0.5	0.5	2 500	0
0.4	0.6	800	-0.2
0.3	0.7	-1 500	-0.4
0.2	0.8	-3 000	-0.6
0.1	0.9	-4 000	-0.8
0	1.0	-10 000	-1.0

然后你通过图表形式来将确定等值作为 x 轴，估算效用作为 y 轴。我们的完整的效用函数就会如同图 2-5 所示。

现在，你应该重复这个试验，只是要使用不同的最好及最坏结果。从前述表格中选择一个确定等值作为最好结果，并另选一个作为最坏结果。假设我们选择 $10 000 及 -$4 000。注意与确定等值相关的估算效用为 0.6 对应 $10 000 及 -0.8 对应 -$4 000。因此，用于确定下一个表格中的估算效用的 U 和 V 将分别会是 0.6 及 -0.8。另外，为确定等值赋值，并计算相应的估算效用：

第 2 章 资金收益增长、效用与有限流的规律

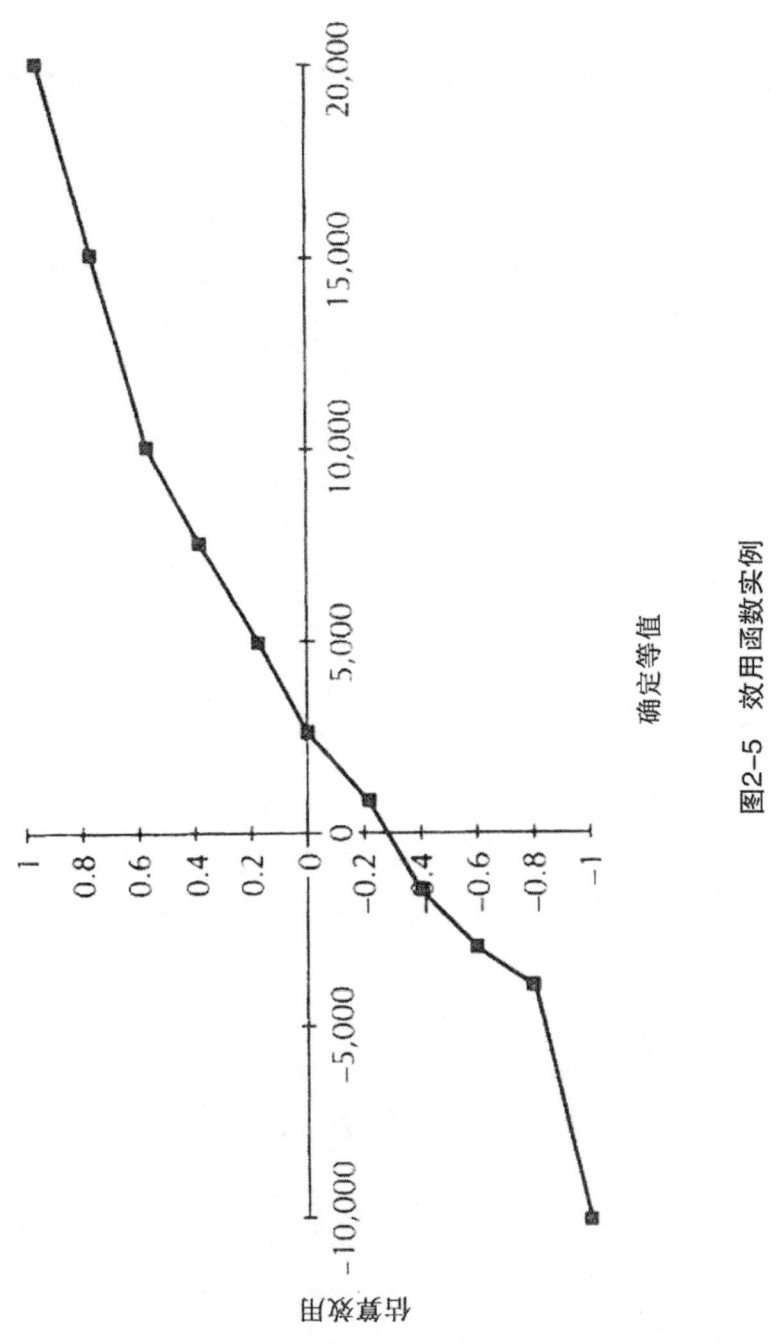

图2-5 效用函数实例

P（最好结果）	P（最坏结果）	确定等值	估算效用
1.0	0	10 000	0.6
0.9	0.1	8 000	0.46
0.8	0.2	6 000	0.32
0.7	0.3	5 000	0.18
0.6	0.4	4 000	0.04
0.5	0.5	2 500	−0.10
0.4	0.6	500	−0.24
0.3	0.7	−1 000	−0.38
0.2	0.8	−2 000	−0.52
0.1	0.9	−3 000	−0.66
0	1.0	−4 000	−0.80

而且，另外你还应该在图上绘出这些值。你应该要将这个过程重复几次，在同一个图表上绘出所有的数值。你刚开始很可能会看到这些值有些零散。也就是说，它们不会全都整齐地排在同一行。这些数值的零散透露出关于你自己的信息，因为零散表示了你的决策的不一致性。通常，零散性在接近图表两端（左端及右端）表现的更为明显。这很正常，只是表明你很可能没有过很多赢钱或输钱的经验。

这条曲线图的形状同样也很重要，在上一部分《效用偏好函数的特征》方面，应该考虑到这一点。这对于有待改善的曲线图来说完全很正常，而不仅仅是教科书的上凸、下凹或直线形状。另外，这也透露出关于你自己的信息，并保证能够进行认真分析。

最后，最有助于效用偏好函数最大化财富值的形式就是一条上升直线，降低绝对风险规避，相对风险规避保持不变，并几乎对一场公平赌局丝毫不感兴趣；也就是说，我们对于一场有着低于最小正运算数学期望的赌局不感兴趣。如果你的那条线低于它，那么这时你可能就要你仔细考虑你想要什么及为什么了，也许还要做出必要的个人改变。

效用与新框架

本书并没有对效用理论表明立场，除了：无论你的效用偏好曲线图是怎样的，你都处在有关单个赌局的图 1-2 中的杠杆空间中的某个位置，并处在关于同时有多场赌局的 $n+1$ 维杠杆空间的某个位置，并且无论你的效用偏好是什么，你都会从中获得利益及承担后果。

通常，人们批判几何均值标准仅仅力图最大化财富值，而且仅仅最大化 $\ln x$ 函数的效用。

事实上，如果有人不同意一个 $\ln x$ 效用偏好函数，他们仍然可以最大化效用，并与我们用最优 f 来最大化财富值一样大，不过他们在每一个持有期的最优 f 值会不同。也就是说，如果有人的效用偏好函数不是 $\ln x$（财富值最大化），那么他们（渐进地）最大化效用的最优 f 是一致的，但同时，他们用于最大化财富值的最优 f 是不一致的。换句话说，如果在你所赚的钱更多时，你的效用达到让你冒更小的风险的程度，那么你的最优 f 将会随着每个持有期的过去而降低。

注意不要把它与前述理念（最大化预计平均复合增长率的最优 f 是一个关于你在第几个持有期退出的函数）混淆。这仍然没错，不过我们现在提出的观念是指最大化效用的最优 f 不会在整个时间阶段保持一致。例如，在我们的二对一抛硬币赌局中，我们已经了解到如果我们打算在三局（三个持有期）之后退出，我们就能够通过在每一局下注 0.37868 来最大化增长率。也就是说,我们在所有这三局中都统一下注 0.37868。

现在,如果我们正在考虑最大化效用,而我们的效用函数不是最大化财富值的函数,我们就不会有一个用于每一局的统一的 f 值。相反,我们每一局都会有一个不同的 f 值。

因此,假设你每个持有期的 f 值并不一致,用给定方法(关于效用偏好函数,而不是 $\ln x$)最大化效用是可能的。当效用偏好是 $\ln x$——也就是说,当一个人偏向于最大化财富值——那么最优 f 就会始终保持一致。因此,每一局的最优 f 都是一样的。当效用偏好不是 $\ln x$(财富值最大化)时,就需要每一个持有期的最优 f 都不一致。

如同最大化财富值一样,效用也可以通过与我们最大化财富值同样的方式被最大化。这可以通过为效用赋值做到,而不是每个方案结果的美元数值。效用只是表示满意度的一个单位。方案组也必须要包含负面效用方案,就如同在财富值最大化中,你一定要有一个包括损失资金的方案。此外,方案组的(运算)数学期望在效用方面必须是正面朝上的,或者是在它改善组成部分的总体融合。

但是,当你的效用偏好曲线图不是 $\ln x$ 时,随着你的持有期的过去,你要如何确定不同的 f 值呢?随着每个新持有期的出现,当你的账户资产本身发生变化时,你也随之更新结果数值(效用所规定的),那么你将得到一个新 f 值,除以最大损失方案(效用所规定的),会得到一个最优 $f\$$ 值(亦是效用所规定的),那么你就会知道要交易多少合约。过程很简单;你只需用美元代替效用。另一件你需要做的事就是要记录你的账户的累计效用(即资产代理)。注意,如果你这样做,且你的效用偏好函数不是 $\ln x$,那么事实上你最后的每一个持有期的美元方面的最优 f 将会是不同的。

例如,如果我们又一次面临一场抛硬币赌局,抛向正面赢两美元,反

面朝上输一美元,那么我们应该投注多少呢?我们知道如果我们想最大化财富值,并打算重复进行这个赌局,而且我们一定要用我们在第一局开始时所用资金来进行接下来的每一局,那么最好我们应该在每一局下注25%。如果我们确定赢两美元的一场赌局的价值对我们来说是输一美元的一局的两倍,这不仅会最大化财富值,也能最大化效用。

但要是赢两美元的一场赌局的价值对我们来说仅是输一美元的一局的1.5倍呢?那么为了确定怎样最大化效用,我们为输局方案(即反面朝上方案)赋上-1的效用值,并为赢局方案(即正面朝上方案)赋上1.5的效用值。现在,我们就根据这些效用而不是美元来确定最优f,我们发现它是0.166666,或是说在每一局下注$16\frac{2}{3}\%$,以最大化我们的几何平均效用。这就意味着将这时的总累计效用除以0.166666,来确定合约数量。

那么我们可以将这转化为我们账户中的美元可以购买多少合约,并由此计算出我们实际使用(基于美元,而不是效用)的f值(0到1之间)是多少。

如果我们这样做,那么最初的二对一抛硬币赌局的财富值最大化曲线图(最高点为0.25(图1-2))仍然有效,且我们的横坐标f值为0.166666。因而,我们就要承担由于我们财富f值方面未达最佳标准而产生的后果。然而,还有另一条f曲线图——基于我们的效用——最高点在0.166666,并且我们处在这条曲线图的最优f处。注意,如果我们将要接受这条曲线图的0.25的最优f,那么我们将会处在偏离最高点很远的右侧位置,并承担由于偏向有关效用的最高点的右侧而产生的相应的后果。

现在,假设我们在这个持有期内是盈利的,并且仅在这时基于效用进入并更新方案结果,然后我们就会有更多财富,下一个持有期的赢局方案的效用仅为1.4。另外,我们将会基于效用找到最优f。而且,一旦我们根据我们的累计效用决定好了下一个持有期要交易多少单元,我们就可以将

它转化为美元的 f 值（0 到 1 之间），我们就会发现它与前一个持有期不一致。

在以上所示的例子中，我们采取一系列多于一场的赌局，我么重复利用我们最初使用的同样的资金。如果只有一局、一个持有期，或我们在每一个持有期收到新的资金来进行赌局，那么最大化运算预计效用将会是最佳策略。然而，在大多数情况下，我们必须在下一局、下一个持有期重复利用在上一局使用的资金，因此，我们必须力图最大化几何预计增长率。对于一些人来说，这可能意味着最大化财富几何预计增长值；对另外的人来说或许是效用几何预计增长值。数学对这两种来说都是一样的。两种都在 $n+1$ 空间内有两条曲线图：一条财富值最大化曲线图及一条效用最大化曲线图。对于最大化财富预计增长，这两种是一样的。

这时候，我要重申一次本章开始说过的关于你是否是为了除了钱以外的东西而加入这个。这对于娱乐或试图向自己或其他人证明某事来说不是正确的地方。如果你不是为了财富最大化，而是由于其他原因而进行投资，那么你将会倾向于做出花费资金的分配决策。

在本书的后文中，我们将假定读者力图最大化财富。然而，如果读者有一个不同的效用偏好函数，而不是 $\ln x$（最大化财富），他可能会采用这里所说的方法，如果他用一个效用数量代替每个方案的结果，而不是一个货币价值，那将会产生一个不同的最优 f 值（其数值在每一个持有期之间都有变化）。

然而，这样的读者都已预知到他们仍然将要承担由于在财富最大化的 $n+1$ 维杠杆空间上未达最佳标准而产生的财富方面的后果。另外，这是因为无论你的效用偏好曲线图是什么样的，你都处在有关单个赌局的图 1-2 中的杠杆空间中的某个位置，并处在关于同时有多场赌局的 $n+1$ 维杠杆空间的某个位置。无论你的效用偏好是什么，你都会从中获得利益，并承担后果。理想状况下,你将有一个效用偏好函数,而且它会是 $\ln x$。

参考文献

1. 理查德·J. 图尔斯(Richard J. Tewles)、查尔斯·V. 哈洛(Charles V. Harlow)、赫伯特·L. 斯托(Herbert L. Stone),《商品期货游戏,谁赢?谁输?为什么?》,纽约:麦格劳希尔图书公司,1977.

第3章　涉及相关性的条件概率

资产分布中的新框架将会要求我们要探究条件概率。条件概率是这个新框架的基础。如果不能认识条件概率，那么我们将不能认识最优分布。那么，什么是条件概率呢？

一个条件概率指的是在另一件事已经发生时一件事发生的几率，或者是两件事同时发生的几率。也就是说，如果 B 已经发生，那么 A 发生的几率有多大。这可以写为 p（A | B），字面意思是"如果 B 已经发生，A 发生的几率"。

通常，条件概率也可称为联合概率。这两者的数学运算表示同样的意思。然而，通常来说，"条件概率"这个术语可用于表示在已知一件事情已发生时的概率（即假定事件都是依次发生的），而"联合概率"应用于它们同时发生时。然而贯穿全文，它们都会被认为是表示同样的意思（因为数学运算是相同的）；因此，"条件概率"及"联合概率"这两个术语可交换使用。

A 和 B 两个事件中的任意一件的发生概率是它们的独立概率减去条件概率的结果：

p(A 或 B) = p(A) + p(B) − p(A | B)

这对于两局抛硬币赌局来说是：

p(第一局正面朝上或第二局正面朝上) = p(第一局正面朝上) + p(第二局正面朝上) − p(两局都是正面朝上)

p(第一局正面朝上或第二局正面朝上) = 0.5 + 0.5 − 0.25 = 0.75

如果我们同时抛掷两个硬币（或者是连续两次抛一个硬币），我们将会预计有 0.75 的可能性至少能有一个正面朝上。

如果所有事件都是相互独立的——也就是说，两个事件结果互不影响——那么，条件概率 $p(A|B)$ 就等于 0。那么公式就变成了：

$$p(A 或 B) = p(A) + p(B)$$

例如，如果我们抛一个硬币，有 0.5 的几率结果是反面朝上，还有 0.5 的几率结果是正面朝上，那么结果是正面朝上或反面朝上的几率就是 0.5 + 0.5 = 1。

以下是一个关于条件概率如何应用于这个新框架的例子。假设我们正在考虑要将资金分配给 ABC 及 XYZ 两份股票。我们将会需要知道当 ABC 也上涨 2%或更多时，XYZ 上涨 2%或更多的几率是多少：

p(XYZ >= 2% | ABC >= 2%)

或者，我们也许想要知道当 ABC 下跌 1%或更多时，XYZ 上涨 2%或更多的几率是多少：

p(XYZ >= 2% | ABC <= −1%)

表面看起来这也许很简单，传统统计学表示这仅在非常有限的情况下是正确的。关于条件概率的传统统计学仅可以在十分有限的条件下（当 ABC 与 XYZ 之间的相关系数为 0 时）解决这个问题。

假设我们正在抛一个硬币。一个独立随机事件（随机指的是我们在它发生之前都不知道这个事件的结果，例如抛硬币）的结果适当地称为一个随机变量。因而，如果我们在抛一个硬币，这个硬币的结果是一个随机变量,并且,在这种抛硬币的情况下,它可以采用两个值中的一个:正面朝上或反面朝上。

我们暂时假设我们正在抛两个硬币。在抛掷两个硬币中的其中一个时,结果是正面朝上的几率是 0.5。(我们假设这些是最好的硬币,有 0.5 的几率是正面朝上及互补性的 0.5 的几率是反面朝上。)所以两个硬币都是正面朝上的可能性是 0.25,这是通过用一个硬币结果是正面朝上的概率 0.5 乘以第二个硬币结果是正面朝上的概率 0.5 而得到的。

两个硬币的抛掷结果都是正面朝上的联合概率 0.25 也可以表示为,抛掷两个硬币会有四种可能的结果(正正、正反、反正、反反),每一种的概率都相同,从而定义了样品空间。那么,得到正正结果的几率是四分之一,或 0.25。

发生次数(频率)及概率

大多情况下,两个随机变量的联合概率是以表格的形式表示的。例如,在我们同时抛掷两个硬币(正正、正反、反正、反反)的情况下,我们可以建立一个表格,来表示这四个同时进行的事件:

发生次数(频率)

		硬币 1	
		正	反
硬币 2	正	1	1
	反	1	1

通常,这些表格也可表示为概率:

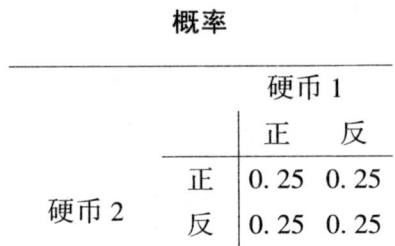

我们认为(而且这是正当的),这两个硬币之间没有任何相关性。也就是说,抛掷这两个硬币的结果互不相关。如果不是这样的话,那么这四个可能结果(正正、正反、反正、反反)中每一个的发生率就不会是相等的。

现在我们介绍一下随机独立性的概念。当两个事件的联合概率等于其独立概率的乘积(正如在抛硬币事例中一样),那么就可以说是有随机独立性。形式上来说,当

$$P(AB) = p(A) * p(B) \qquad [3.01]$$

是正确的,那么就有随机独立性。这往往指的是独立随机变量的联合概率。

因此,随机独立性在我们使用方面暗指两种结果之间的相关系数为0。

所以我们可以说,如果有随机独立性,那么相关系数就是0。然而,反过来说就是错的。我们很快可以明白有一个相关系数为0是可能的,但不会有随机独立性。

当我们说到一个随机变量的结果表格时,我们指的是那个变量的边际密度。例如:

第3章 涉及相关性的条件概率

硬币 1	
正	反
0.5	0.5

当我们说到一个以上随机变量的结果表格时，我们指的是那些变量的联合密度。例如：

		硬币 1	
		正	反
硬币 2	正	0.25	0.25
	反	0.25	0.25

条件概率通常是在设想随机独立性时被考虑到。在很多情况下，例如抛两个硬币，这是一个有效的假设。然而，在很多实际状况中，例如两份股票都将会在一个特定的日子上涨的概率（因为股票之间倾向于有正相关关系；即相关系数 > 0），传统理念并没有作用。联合概率不能仅通过将独立概率相乘而得到。

我已经被这个问题困扰了三年。我试图找到一个关于条件概率的广义理论的解决办法。也就是说，我想要——我需要一个可以解释所有数值的相关系数的条件概率的理论，而不仅是类似 0、1 或 –1 的便利值——一个能够给我两个随机变量的所有数值的相关系数的条件概率的理论。

我追寻各种大学、数学博士、古怪的教授、南美的巫医、精算师，及其任何我认为或许对于解决这一问题有所思路的人。我一连数小时地研究成堆的枯燥乏味的技术期刊。

我自己一遍遍地探索解决方法。我改进了这个理念：在其自身角度添加

资金管理新论：资产配置的一个新框架

两个分布结果，并采取所建表面积的二重积分。我很长一段时间都认为，我可以使用标尺（在期望概率部分透明，而其余部分不透明），将它们按照与其相关性对应的角度排列，然后发出光线，将会穿过透明部分，通过这样而产生的交叉面积将会被可能的交叉部分形成的平行四边形除，从而得到联合概率。我对所有的计算进行推断，并建成巨大的电子数据表，来复制这些概念技巧。我在标准拍纸簿、餐巾纸及纸板封面上写下了一页页的笔记。

我对这个问题进行的研究越多，解决办法看起来就显得愈加必要了。这对于现实生活需求如此重要，怎么会没有人有办法解决这个联合概率问题呢？为什么条件概率仅对十分便利的相关系数值才能算出呢？这是资产分布的新框架中唯一遗漏的东西。我已经制定出了目标函数，但是目标函数需要这些条件概率作为输入信息。

下一章将会谈到，任何东西都是为了获得一个更好的资产分布方法而制定出的，除了理解两个随机变量的所有数值的相关系数的条件概率的能力。

真正对我造成阻碍的是公认的条件概率定理，即：联合密度不能从它们的部分边际密度中得出。传统理念认为，如果没有随机独立性，联合概率密度函数就是一个唯一不同的分布总体，就好像它是突然出现的！也就是说，它不是一个部分边际密度函数，而是关乎其自身的一个新概率密度函数，不能从部分边际密度函数中重建。为了明白这一点，仔细观察以下来自于费勒（Feller）的表格，即图3-1：[1]

		X				边际密度 Y
		0	1	2	3	
	1	2	0	0	1	3
Y	2	6	6	6	0	18
	3	0	6	0	0	6
边际密度 X		8	12	6	1	27

— 110 —

第 3 章 涉及相关性的条件概率

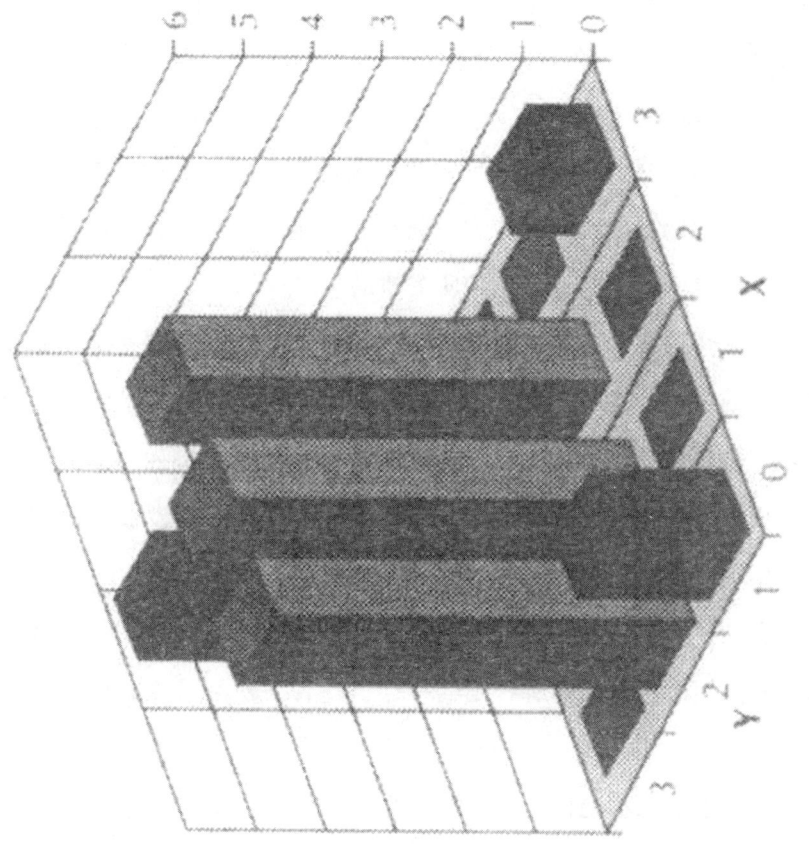

图3-1 联合概率分布

事件 X 及事件 Y 之间的相关系数为 0。所以我们将会预计如果有随机独立性，那么 X= 0，Y= 3 的概率是（6/27）*（8/27）或 0.222 * 0.2963 = 0.0658。然而，这个概率是 0，从而这证实了公认的条件概率定理：联合密度不能从它们的部分边际密度中得出。

那现在在仅给定联合密度及边际密度的条件下，要算出相关系数也是有可能的，但长久以来，人们都认为不能在仅给定边际密度及其相关系数的条件下算出联合密度，而这正是我所需要的。

我无法接受传统观念，因而我变得更加沉迷于找到一个清楚且易于使用的这个问题的答案。也就是说，我希望能得到一个答案，凭借这个答案，在已知有关表示两个边际概率密度的两个方案图谱（例如，有 H 及 T 两种方案的两个硬币，概率分别为 0.5 及 0.5）的相关系数及概率的情况下，可以计算出联合概率密度。

我最终想到了它运作的方法，明白了联合概率密度是如何从边际概率密度中形成的。然而，正如你所看到的一样，这种方法并不像我所期望的那样清晰易用。

此外，自然条件也不配合。

现在，我们将考虑两个同时的方案图谱，且它们之间有一个相关系数，并计算出这两个既定方案的联合概率，每个图谱中都有一个发生。

接下来注意如果我们抛两个硬币，并且它们之间有随机独立性（即线性相关系数 r 为 0），那么两个都是正面朝上的概率就是独立概率的乘积（见等式 [3.01]）：

$$p(H_1 | H_2) = p(H_1) * p(H_2)$$

或者是更加简略的形式：

第3章 涉及相关性的条件概率

$$p_{(1 | 2)} = p_1 * p_2$$

现在，我们设想这两个硬币可以通过心灵感应进行交流，以便在第一个硬币正面朝上时，第二个硬币也正面朝上。这将会对应到线性相关系数 r 为1。两个硬币都是正面朝上的概率是0.5，即第一个硬币正面朝上的概率。

如果相关系数是-1（即当第一个硬币正面朝上，第二个硬币总是反面朝上），那么抛两个硬币且它们都是正面朝上的概率将会是0。但是，第一个硬币正面朝上而第二个硬币反面朝上的概率是0.5，等于第一个硬币正面朝上的概率（因为当 $r=-1$，第一枚硬币正面朝上时，第二枚硬币始终会是反面朝上）。

我们现在介绍一下相交部分的概念，由于没有更好的术语（另外还要避免用希腊字母作为变量）。再一次注意当 $r=1$ 时的情况，即一个硬币正面朝上，另一个硬币也是正面朝上。我们可以说这种情况的概率是0.5，等于其中一个硬币正面朝上的概率，因为我们用的是理想的硬币，有0.5的几率正面朝上。

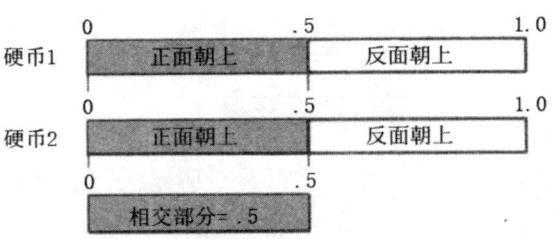

然而假设其中一个硬币不是理想的，正面朝上的概率不是0.5，而是0.4，两个概率中的更小的那个就是重叠部分。

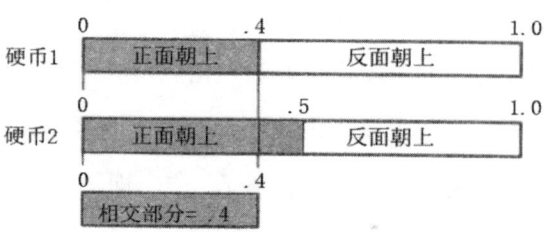

如果反面朝上的概率是 0.4（那么正面朝上的概率就是 0.6），那么两个都是正面朝上的概率就是 0.5，即更小的概率（即因为一个硬币的概率是 0.6，另一个硬币的概率是 0.5）。

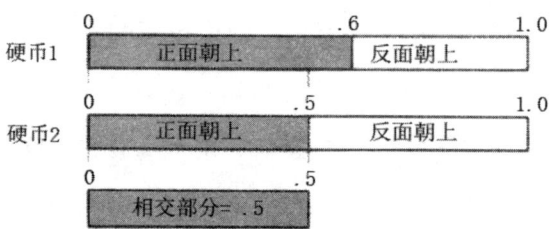

无论是第一枚硬币还是第二枚的概率更低都没关系：

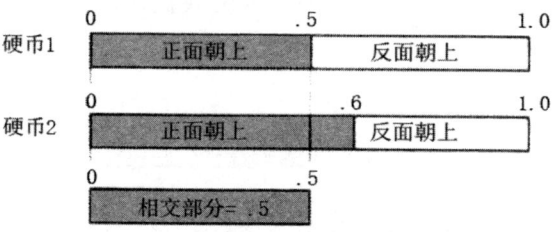

相交部分就是当 r = 1 时的重叠部分，所以，它是两个概率之中更小的那个。在前面的表格中，两枚硬币都反面朝上的相交部分是 0.4。换句话说，当 r 是正数时，相交部分就是两个概率的交集。

当相关系数是负数，那么第二种方案图谱（在这里指第二个硬币）就反方向调转（翻转）180 度。

第3章 涉及相关性的条件概率

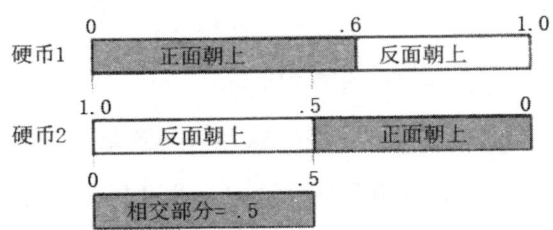

注意第二枚硬币是如何在上述图解中翻转180度,从而表示当这两个硬币之间的相关系数是0.1时,第一枚硬币正面朝上(概率是0.6)及第二枚硬币反面朝上(概率是0.5)的联合概率是0.5。

在以上例子中,如果我们希望能够找出两个都是正面朝上的相交部分,概率就会是0.1,正如下图中所示:

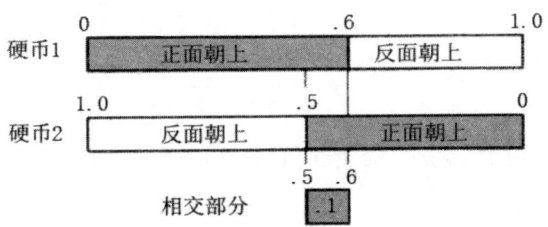

接下来再次注意如果我们抛两个硬币,并且它们之间有随机独立性(即线性相关系数 r 为 0),那么两个都是正面朝上的概率就是独立概率的乘积(参考等式[3.01]):

$$p(H_1 \mid H_2) = p(H_1) * p(H_2)$$

或者是更加简略的形式:

$$p_{(1 \mid 2)} = p_1 * p_2$$

因此,在它们之间的相关系数是0的时候,且它们都是理想的硬币(即每一个都有0.5的概率正面朝上),那么两个硬币都正面朝上的概率是:

$$p(H_1 \mid H_2) = p(H_1) * p(H_2)$$

$$= 0.5 * 0.5$$
$$= 0.25$$

然而，如果相关系数是 1，那么联合概率就是独立概率的相交部分，在这个例子中是 0.5。如果相关系数是 -1，联合概率就是在翻转其中一个方案图谱 180 度（翻转面）之后的相交部分，在这个例子中，两个都正面朝上的概率将会是 0。

所以当两个方案图谱间的相关系数是 -1、0 或 1 时，我们可以算出联合概率。那么我们要如何在相关系数不是这样的便利值时估算联合概率呢？

注意影响联合概率的有两个因素。第一个是独立概率的乘积（当 r 是 0 时）：

$$p_1 * p_2$$

第二个是这两个概率的相交部分（当 |r| = 1）：

$$I(p_1, p_2)$$

在联合概率中，最低限度的概率是 0，因为任意相交部分都不能等于 0，否则，如果 p_1 或 p_2 等于 0，那么第一个因素两个概率的乘积以及第二个因素其相交部分都将会是 0.

一个联合概率可以达到的上限是 p_1 或 p_2 中较小的一个。这也可以表示为，因为相交部分这一因素不可能大于 p_1 或 p_2 中的最小值，并且一个概率最高能达到 1，那么 $p_1 * p_2$ 的乘积就绝不可能大于 p_1 或 p_2 中更小的那个。因此，我们可以说，一个联合概率可以达到的上限是两个概率中较小的那一个。

一个条件概率是指这两个因素的线性加权总和，鉴于下限是 0 概率及上限是 p_1 或 p_2 中的最小值，那么我们可以得到答案的范围：

$$p_1 * p_2 * 加权1$$

$$+$$

$$I(p_1, p_2) * 加权2$$

而我们用什么来作为加权呢？结果表明，加权1等于1减相关系数的绝对值：

$$加权1 = (1 - |r|)$$

且加权2就是等于相关系数的绝对值：

$$加权2 = |r|$$

这个加权方案可确保我们将会在上限和下限之间，包括上限和下限。因此，当 $r = 0$，加权等式就完全是偏向于这两个概率的乘积的，而当 $|r| = 1$，加权就完全偏向于相交部分。那么估算联合概率的完整等式就是：

$$p(p_1|p_2) = p_1 * p_2 * (1 - |r|) + I(p_1, p_2) * |r| \quad [3.02]$$

我们说这个函数是线性加权函数（即这些术语中没有指数大于1的），是因为一个线性函数的图形是一条直线。通过观察以下两组抛硬币情况图，我们可以看到 $p_1 * p_2$ 与 $I(p_1, p_2)$ 之间的关系是线性关系

第1组　H H H H T T T T

第2组　H H H T H T T T

时间 →

我们观察这两组图表时，我们可以看到在每一组中 H 结果的概率都是 0.5，每一组中 T 结果的概率也是 0.5。我们计算这两组之间的相关系数时，我们发现它是 0.6。

那么我们就发现 $p_1 * p_2$ 就是 $0.5 * 0.5 = 0.25$，与 $r = 0$ 相对应。如果我们考虑到两组中都是正面朝上，那么我们可以进一步推算出相交部分 I

(p_1, p_2) 等于 0.5：

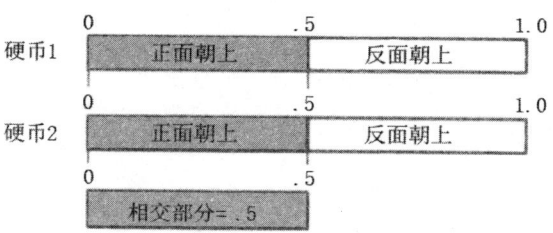

因为相关系数大于 0，我们就不将第二种方案图谱翻转 180 度。注意如果我们考虑的是两组同时都是反面朝上的相交部分，那么我们也会得到相交部分等于 0.5。

那么我们就得到当 $r = 0$ 时，$p_1 * p_2$ 等于 0.25，即两个都是正面朝上（在这个例子中，两个都是反面朝上也可以）的联合概率。当 $r = 1$ 时，我们得到联合概率等于 0.5 的相交部分。当 $r = -1$ 时，我们将会得到相交部分为 0，因而概率也等于 0，如下所示：

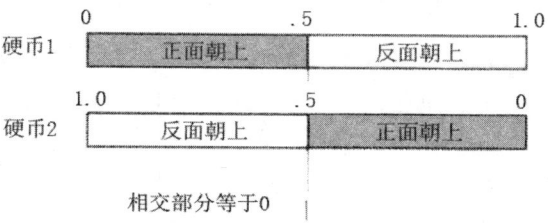

因此，我们得出以下我们可以确定的三点：

r	概率
-1	0
0	0.25
1	0.5

将这些数值绘制在表格上，我们可以在图 3-2 上看到这三点。

第3章 涉及相关性的条件概率

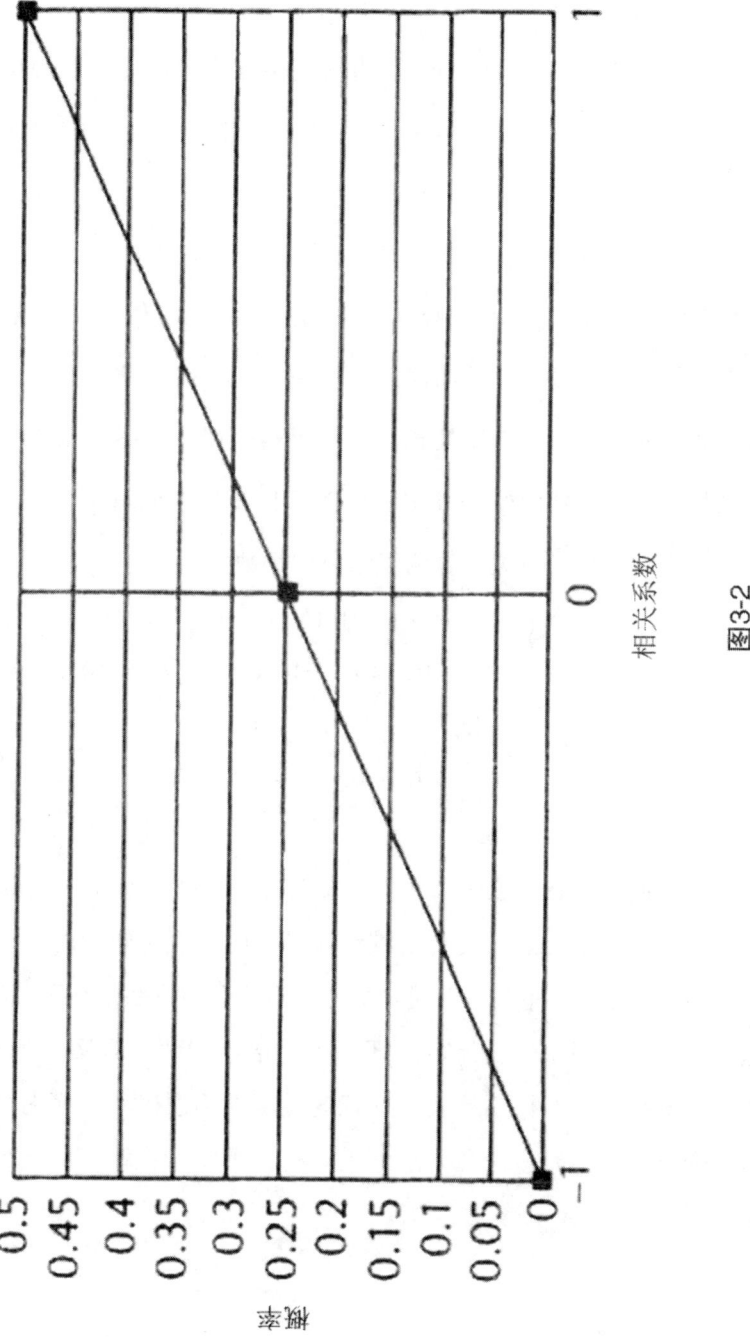

图3-2

我们可以看到这三点可以用一条直线连接起来。然而，它们也可以用一条曲线连接起来（即这个函数并不会是线性加权函数），例如 S 状曲线函数（即伸长为 S 型线连接这三点）。

然而，我们可以看到，两组都是正面朝上在十次中出现了四次（同样地，两组都是反面朝上在十次中也出现了四次），概率为 0.4。注意如果这是个线性函数，也就是说，如果这个函数是一条直线，那么这条线在相关系数等于 0.6 处与概率为 0.4 处相交。如果这个函数不是一条直线，那么在相关系数等于 0.6 处的概率将一定不会等于 0.4！（见图 3-3）

现在，我们观察一下关于这两组结果的函数：

$$P_{(1|2)} = p_1 * p_2 * (1 - |r|) + I(p_1, p_2) * |r|$$
$$= 0.5 * 0.5 * (1 - |0.6|) + 0.5 * |0.6|$$
$$= 0.25 * 0.4 + 0.5 * 0.6$$
$$= 0.1 + 0.3$$
$$= 0.4$$

因此，我们可以看到这个公式给我们答案了，而仅仅通过检查这两组结果就可以确认这个答案。我们可以预计投掷两个理想硬币时，且它们之间的相关性等于 0.6，那么两组同时都是正面朝上的概率是 0.4。

这是一个仅适用于二项分布（即一个图谱内的两个方案）的近似值。这些方案的概率与 0.5 相差越大，这就变得越加不准确了。换句话说，当你二分两个方案图谱时，这个方法是正确的；否则，它就变成一个减低准确度的近似值。

第3章 涉及相关性的条件概率

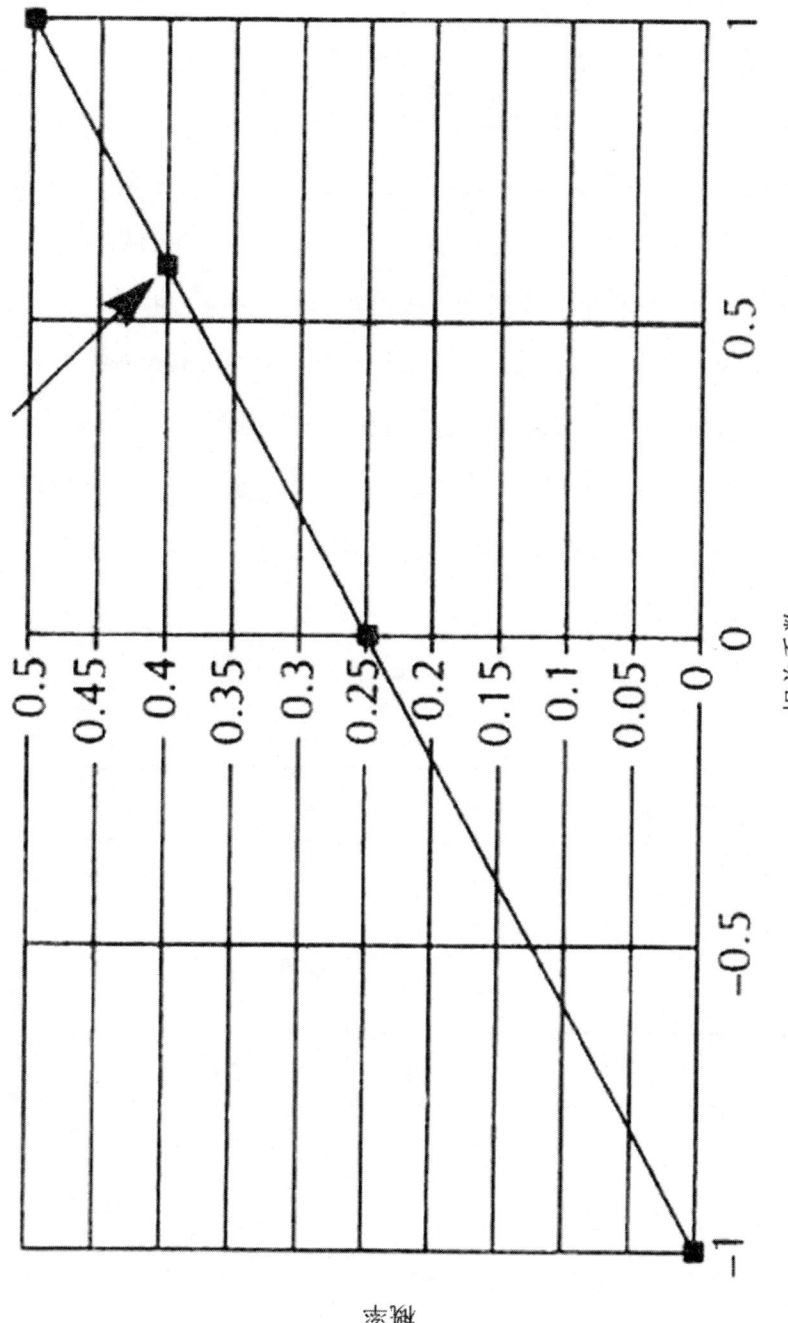

图3-3 联合概率根据相关系数线性加权

然而，所有方案图谱都可以通过在其中心处将它们二分，而转化为二项分布（假定为仅有两个方案）。我们重新研究一次 XYZ 制造公司方案图谱。在这个图谱中，我们有五个不同的方案。我们可以通过将战争、困难、及停滞方案归并入这个新方案图谱中的一个方案中，我们称之为结果方案中的不利部分。同样地，我们可以将和平及繁荣方案归并入修改后图谱的有利部分的方案中。现在，我们可以将修改后的图谱与包含两种方案的其他图谱进行对比，以估算这四个联合结果的联合概率（图3-4）。

只要你在接近 0.5 概率程度处将方案图谱二分，那么为了估算联合概率而将方案图谱二分是一种有效方式。你二分的位置与其偏差的更多，那么这个估算值的正确性就越低：

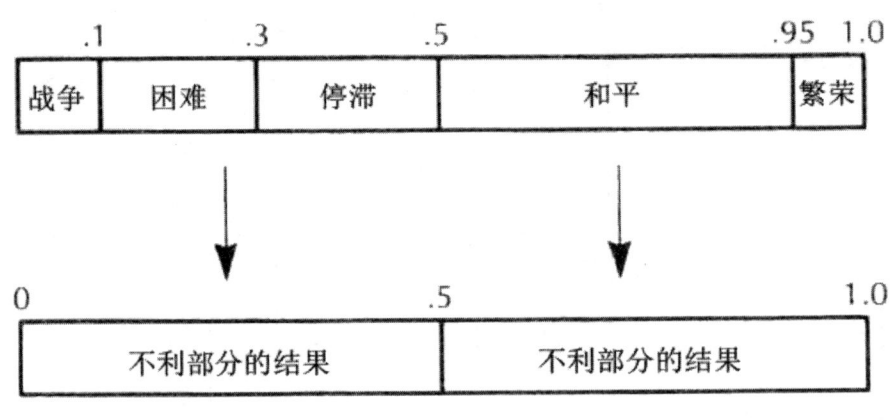

图 3-4

再回到本章中前面提到的费勒事例：

第 3 章 涉及相关性的条件概率

		X				边际密度 Y
		0	1	2	3	
	1	2	0	0	1	3
Y	2	6	6	6	0	18
	3	0	6	0	0	6
	边际密度 X	8	12	6	1	27

如果我们将 X 方案图谱二分，将结果 0 及 1 归并到 X 图谱中我们所说的方案 A 中，并将结果 2 及 3 归并到 X 图谱中我们所说的方案 B 中，我们将不会在 0.5 处二分 X；我们将会在 0.74074 处二分 X，因为考虑到 X 的边际密度，二十七种结果中有二十种（74.074%）是在 1 或 2 处，仅有 7 种（25.92）是在 2 或 3 处。（见图 3-5）

现在，如果我们也这样二分方案图谱 Y，将结果 1 及 2 归并到 Y 图谱中我们所说的方案 A 中，方案结果 3 将会被称为 Y 图谱中的方案 B，我们如图 3.6 所示转化 Y 图谱。

注意 Y 图谱也不是在 0.5 处二分的，而是在 0.777 处二分。

现在我们开始建一个联合概率表格，如下所示：

		X		边际密度 Y
		A	B	
Y	A	?	?	0.777
	B	?	?	0.222
	边际密度 X	0.74074	0.2592	1.0

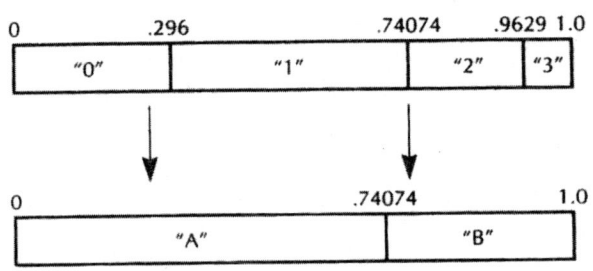

图 3-5　X 边际密度二分

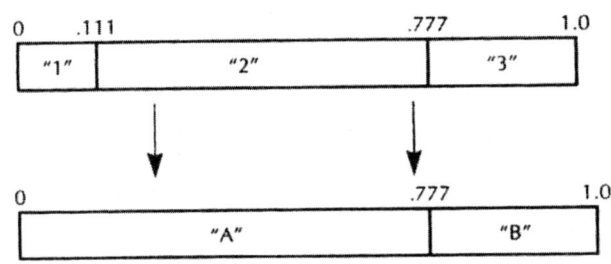

图 3-6　Y 边际密度二分

那么记住这两个方案图谱之间的相关系数 r 等于 0，我们就可以得到这个表格中的四个联合概率：

$p(A \mid A) = 0.74074 * 0.777 * (1 - 0) + 0.74074 * 0$
$\qquad = 0.5761$

$p(A \mid B) = 0.74074 * 0.222 * (1 - 0) + 0 * 0$
$\qquad = 0.16461$

$p(B \mid A) = 0.2592 * 0.777 * (1 - 0) + 0.0362 * 0$
$\qquad = 0.2016461$

$p(B \mid B) = 0.2592 * 0.222 * (1 - 0) + 0.222 * 0$
$\qquad = 0.05761316873$

（注意在以上等式中的相交部分值。）

那么我们就可以完成这个表格：

		X	
		A	B
Y	A	0.5761	0.2016461
	B	0.16461	0.05761

因为在原来的表格中，我们没有使用概率，而是用了这二十七种结果的实际支数，那么我们可以用 27 乘以其中的每一个概率，以得出这个表格的频数期望值：

		X	
		A	B
Y	A	15.56	5.44
	B	4.44	1.56

我们可以看到我们可以预计会出现 15.56（在二十七种结果中）种结果，并得到 X 图谱的方案 A 及 Y 图谱的方案 A。注意这与在原来的 X 图谱中的 0 或 1，及原来的 Y 图谱的 1 或 2 相对应。我们可以从原来的图谱了解到事实上在二十七个结果中是有十四个这样的结果的：

		X				边际密度 Y
		0	1	2	3	
	1	2	0	0	1	3
Y	2	6	6	6	0	18
	3	0	6	0	0	6
	边际密度 X	8	12	6	1	27

其他三个象限也会出现类似的错误。出现这种误差的原因是我们二分原来的分布时，偏离正确的 0.5 概率的中心点太远（我们在 0.74074 及 0.777 处二分）。因而，我们的联合概率估算值就变得更加不正确了。

我们退回去重新在 0.5 处二分这个表格。为了这样做，我们要提出问题："0.5 概率位于 X 轴的哪个位置呢？"

首先，我们计算出每个 X 结果乘以其频数的总和：

$$8 * 2 = 0$$
$$12 * 1 = 12$$
$$6 * 2 = 12$$
$$1 * 3 = 3$$
$$总和 = 27$$

然后我们将这个总和除以结果总数 27，以得出一个概率加权平均值（在 0.5 百分数时发生）

$$\frac{27}{27} = 1$$

因此，如果这是一个连续分布，我们就会预计 50% 的数值会在 50% 以上及 1 以下。

$$1 * 3 = 3$$
$$2 * 18 = 36$$
$$3 * 6 = 18$$
$$总和 = 57$$

然后，我们将所得出的总和除以结果总数 27，以得出一个概率加权平均值（在 0.5 百分数时发生）

$$\frac{57}{21} = 2.111$$

第 3 章 涉及相关性的条件概率

因此，如果这是一个连续分布，我们就会预计 50% 的数值会在 50% 以上及 2.111 以下。

现在，我们计算一下这四个象限的概率：

$$p(<0.5|<0.5) = 0.5 * 0.5 * (1 - |0|) + 0.5 * |0|$$
$$= 0.25 * 1 + 0.5 * 0$$
$$= 0.25$$

"等一会儿，"你说，"因为这里是有随机独立性的，所以我们不需要进行这一步；我们可以只是将四个象限中的每一个概率相乘，以得出每一个象限相关的概率。这就计算出每个象限的联合概率为 0.25。"这一切完全正确。这些象限都正好在 X 值等于 1，Y 值等于 2.111 处划分的。所以，我们将预计每个象限中有 25% 或 6.75（27 * 0.25）个结果。

观察这个表格，要在每个象限中得出 6.75 个结果也许有些困难，因为这个表格代表不连续的结果，我们将它视为它们是连续的，为了更容易地在 0.5 概率处二分这个表格。例如，注意这个表格中 Y 值一行的 "2" 的结果，有多少是在 2.111 以上，又有多少是在其以下呢？

一般来说，通过使用更为简单的边际分布，要了解如何从部分边际分布结果中计算出联合概率的方法更加容易。

现在，我们将考虑十二局赌局的两组结果的另一种情况：

| X 组 | 2 | 1 | -1 | -2 | 2 | 1 | -1 | -2 | 2 | 1 | -1 | -2 |
| Y 组 | 2 | 2 | 2 | 1 | 1 | 1 | -1 | -1 | -1 | -2 | -2 | -2 |

时间→

我们可以算出这两组之间的相关系数 r 为 0.33333。现在，如果我们打算建一个联合概率表，我们也能得出边际密度（每一个方案图谱中的四种可能方案中的每一种都正好有一个 0.25 的发生概率）。

		X				边际密度 Y
		-2	-1	1	2	
Y	-2	1	1	1	0	3(p = 0.25)
	-1	1	1	0	1	3(p = 0.25)
	1	1	0	1	1	3(p = 0.25)
	2	0	1	1	1	3(p = 0.25)
	边际密度 X	3	3	3	3	12
	概率	0.25	0.25	0.25	0.25	p = 1.0

现在，如果我们两个方案图谱都在0.5概率处进行二分，那么我们每个图谱都将会有两个方案，我们将其称为+和-，每一个都有0.5的发生率。加号方案包含那些大于0的结果，而减号结果包括那些小于0的。那么我们就会得到：

		X	
		-	+
Y	-	4	2
	+	2	4

那么接下来我们回到我们计算联合概率的等式，看看我们有多接近以下所示的这些答案：

$$p(- | -) = 0.5 * 0.5 * (1 - |0.3333|) + 0.5 * |0.3333|$$

$$= 0.25 * 0.6666 + 0.5 * 0.3333$$

$$= 0.166666 + 0.166666$$

$$= 0.33333$$

$$p(- | +) = 0.5 * 0.5 * (1 - |0.3333|) + 0 * |0.3333|$$

$$= 0.25 * 0.6666 + 0$$

$$= 0.166666 + 0$$

$$= 0.166666$$

$$p(+|+) = 0.5 * 0.5 * (1 - |0.3333|) + 0.5 * |0.3333|$$

$$= 0.25 * 0.6666 + 0.5 * 0.3333$$

$$= 0.166666 + 0.166666$$

$$= 0.33333$$

$$p(+|-) = 0.5 * 0.5 * (1 - |0.3333|) + 0 * |0.3333|$$

$$= 0.25 * 0.6666 + 0$$

$$= 0.166666 + 0$$

$$= 0.166666$$

因此，我们估算联合概率的公式将会是：

		X	
		−	+
Y	−	0.333333	0.1666666
	+	0.166666	0.3333333

如果我们将这些概率乘以结果数（12），我们就会得到下列预计结果表格：

		X	
		−	+
Y	−	4	2
	+	2	4

这正是经验数据、各组结果所做的。注意我们的答案是正确的，是因为我们在 0.5 处进行二分。

例如，从这个表格中，我们会预计在 X 组中的 12 次中有 4 次是负数，并且在 Y 组中也有四次是负数，在其他三个象限中也是这样。

"但是等等，"你说，"我们不能选取这四个象限中的一个，然后对其进行二分,以便能够比这更精确计算出这些概率。换句话说,你不只是想要从上一个例子中了解在两组中都得到一个正数的概率是多少。你也许想知道在 X 组中是-2,而在 Y 组中是-1 的概率 目前我们所探讨的将会让你在有两个二项边际分布时,能够得出准确的联合概率——也就是说,你的边际分布都只有两个可能的结果、两种可能的方案(就像大多数赌局情景,当你有 X 的概率赢 M 或者有 Y 的概率输 N)。然而,我们希望能够在边际分布是各种类别,而不只是二项的时候,能够得出联合概率。

这让我们接近了问题的重心。

条件概率理论

我们可以在仅已知方案图谱本身(即每个方案相关的概率)及两个方案图谱间的相关系数的情况下,二分两个方案图谱之间的联合概率表格。因此,我们可以得出联合概率表的四个象限中每一个的概率。

我们可以进一步再二分这个表格,以得出比仅仅这个表格的四个象限更精确的概率。也就是说,我们可以选取一个表格的左上角象限,并将其本身作为一个表格。所有四个象限都这样做的话,我们就会在原有的四个象限的每一个内得到四个象限。因此,我们就可以得出一个表格内的十六个部分的每一个概率。我们可以继续这样做,以得到你所期望的更加精确的结果。

但是这只是一种理解,而且它是涉及相关性的条件概率本身的重中之重。也就是说,每一个象限都有其自身的相关系数。为理解这一点,我们回到之前的例子。我们从以下两组结果开始:

| X组 | 2 | 1 | -1 | -2 | 2 | 1 | -1 | -2 | 2 | 1 | -1 | -2 |
| Y组 | 2 | 2 | 2 | 1 | 1 | 1 | -1 | -1 | -1 | -2 | -2 | -2 |

时间→

因此，我们可以建立以下表格：

		X				边际密度 Y
		-2	-1	1	2	
	-2	1	1	1	0	3(p = 0.25)
Y	-1	1	1	0	1	3(p = 0.25)
	1	1	0	1	1	3(p = 0.25)
	2	0	1	1	1	3(p = 0.25)
边际密度 X		3	3	3	3	12

我们知道这两组结果之间的相关系数 r 是 0.33333。但是这个相关系数仅适用于第一个象限，也就是这个完整的表格。

现在将我们的等式用于计算涉及相关性的联合概率，以二分方案图谱，我们可以发现这个表格的所有四个象限的联合概率为：

		X	
		-	+
Y	-	0.333333	0.1666666
	+	0.166666	0.3333333

如果我们将这些概率乘以结果数量（12），那么我们就得到以下预计结果频数表格：

		X	
		-	+
Y	-	4	2
	+	2	4

那么我们就可以说-、-象限，即左上方象限是我们希望二分的一个表格。也就是说，我们想要知道当 X 和 Y 都是负数时，X 与 Y 之间的联合概

率是什么：

	X	
	-2	-1
Y -2	?	?
-1	?	?

然而，涉及相关性的条件概率理论表明我们不能将相关系数用于整个分布（我们知道它是 0.333）中。相反，我们只能用那些在 X 和 Y 都是负数的情况下的结果的相关系数。因而，我们只用那一小部分的两个结果都是负数的结果组，然后我们可以得出：

X 组　 -1　-2　-1　-2
Y 组　 -1　-1　-2　-2

时间→

计算这两组结果之间的相关系数，我们就会发现结果是 0。另外，注意在这两组结果中的任一组的-1 或-2 的概率都是 0.5；我们一定要用 0.5 用作独立概率。因此，我们得出以下联合概率：

$$p(-2 \mid -2) = 0.5 * 0.5 * (1 - |0|) + 0.5 * |0|$$
$$= 0.25 * 1 + 0.5 * 0$$
$$= 0.25$$

因此，0.25 的左上方象限应为-2、-2，而因为整个分布的 0.3333 是在象限左上方，我们就会预计这个分布的 0.25 * 0.3333 或 0.08333 会是-2、-2。

$$p(-2 \mid -1) = 0.5 * 0.5 * (1 - |0|) + 0.5 * |0|$$
$$= 0.25 * 1 + 0.5 * 0$$
$$= 0.25$$

因此，0.25 的左上方象限应为-2、-1，而因为整个分布的 0.3333 是在象限左上方，我们就会预计这个分布的 0.25 * 0.3333 或 0.08333 会是-2、-1。

$$p(-1 \mid -2) = 0.5*0.5*(1-|0|) + 0.5*|0|$$
$$= 0.25*1 + 0.5*0$$
$$= 0.25$$

因此，0.25 的左上方象限应为-1、-2，而因为整个分布的 0.3333 是在象限左上方，我们就会预计这个分布的 0.25*0.3333 或 0.08333 会是-1、-2。

$$p(-1 \mid -1) = 0.5*0.5*(1-|0|) + 0.5*|0|$$
$$= 0.25*1 + 0.5*0$$
$$= 0.25$$

因此，0.25 的左上方象限应为-1、-1，而因为整个分布的 0.3333 是在象限左上方，我们就会预计这个分布的 0.25*0.3333 或 0.08333 会是-1、-1。

		X	
		-2	-1
Y	-2	0.0833	0.0833
	-1	0.0833	0.0833

我们之前说过在最开始的各组及表格中有 12 种结果。将这些概率（0.083333）乘以 12，等于 1。因此，我们的预计结果频数表格就表示为：

		X	
		-2	-1
Y	-2	1	1
	-1	1	1

注意这与实际分组中的表格的左上方象限完全相同。右下方象限也可以以类似的方式解决。但是，我们观察一下左下方象限（右上方象限可以以一种与我们将要解决左下方象限类似的方式解决）。

$$\begin{array}{lcc} X \text{组} & -1 & -2 \\ Y \text{组} & 2 & 1 \end{array}$$

时间→

相关系数是1。在X组中得到-1或-2的概率是0.5，与在Y组中得到1或2的概率一样。因而，我们就得出一下联合概率：

$$p(-2\mid 1)= 0.5*0.5*(1-|1|) + 0.5*1$$
$$= 0.25*0 + 0.5*1$$
$$= 0.5$$

因此，0.5的左下方象限应该是-2、1，而因为整个分布的0.16666是在象限左下方，我们就会预计这个分布的 $0.5*0.16666$ 或0.08333会是-2、1。

$$p(-2\mid 2)= 0.5*0.5*(1-|1|) + 0*1$$
$$= 0.25*0 + 0*1$$
$$= 0$$

因此，0左下方象限应该是-2、2，而因为整个分布的0.16666是在象限左下方，我们就会预计这个分布的 $0.0*0.16666$ 或0.0会是-2、2。

$$p(-1\mid 1)= 0.5*0.5*(1-|1|) + 0*1$$
$$= 0.25*0 + 0*1$$
$$= 0$$

因此，0左下方象限应该是-1、1，而因为整个分布的0.16666是在象限左下方，我们就会预计这个分布的 $0*0.16666$ 或0.0会是-1、1。

$$p(-1\mid 2)= 0.5*0.5*(1-|1|) + 0.5*1$$
$$= 0.25*0 + 0.5*1$$
$$= 0.5$$

因此，0.5的左下方象限应该是-1、2，而因为整个分布的0.16666是在象限左下方，我们就会预计这个分布的 $0.5*0.16666$ 或0.08333会是-1、2。因而，左下方象限可以进一步二分为：

第 3 章 涉及相关性的条件概率

	X	
	−2	−1
Y −2	0.0833	0
−1	0	0.0833

将这些概率乘以最初分组的结果总数 12，我们可以得到以下期望值：

	X	
	−2	−1
Y −2	1	0
−1	0	1

注意这正是建立最初分组表格的方式。

因此，你可以二分这些方案图谱，并运用这个公式，而得出涉及相关性的条件概率。比较困难的是你必须使用那些结果独特的相关系数到你所创建的子表中，而不能用整个表格的单个相关系数。

我们再举出另一个例子。假设我们投掷三个一角硬币及三个 25 美分硬币。我们会说方案图谱 A 是六个硬币正面朝上的总数，而方案图谱 B 是仅 25 美分硬币正面朝上的总数。联合概率表格将会是如下所示：

		A							边际密度 B
		0	1	2	3	4	5	6	
	0	1	3	3	1	0	0	0	8
B	1	0	3	9	9	3	0	0	24
	2	0	0	3	9	9	3	0	24
	3	0	0	0	1	3	3	1	8
边际密度 A		1	6	15	20	15	6	13	64

一共有 2^6（64）种可能的结果，且相关系数是 0.707（图 3-7）。因此，如果我们想要算出 A<=2 且 B<=1（即在投掷三个一角硬币及三个 25 美分硬币时，六个硬币中有两个或两个以下正面朝上或有一个或一个以下 25 美分硬币正面朝上的概率）时的联合概率：

$$p(<=2|<=1) = ((15+6+1)/64) * ((8+24)/64) * (1-|0.707|) + ((15+6+1)/64) * |0.707|$$

$$= (22/64) * (32/64) * 0.293 + (22/64) * 0.707$$

$$= 0.34375 * 0.5 * 0.293 + 0.37375 * 0.707$$

$$= 0.050359375 + 0.26424125$$

$$= 0.314600625$$

将其乘以 64（结果总数）时，就得出这个象限的结果期望值为 200.1344。我们会发现这个象限有 19 种结果。

注意虽然我们在 0.5 处二分 B，但我们并不是在同样的位置二分 A，所以我们的结果与实验性数据有所差异。然而，如果我们也能在 0.5 处二分 A，那么我们的结果就会是完全正确的。

一旦我们二分一个表格，如果我们知道这个新表格的相关系数，那么我们就可以选取这些新表格中的一个并将其二分。

因此，如果现在我们想要二分这个表格的左上方象限，我们就不能将 0.707 用作相关系数。我们将必须确定（或估算）那个数据集的相关系数，在那个数据集中，在投掷三个一角硬币及三个 25 美分硬币时，六个硬币中有两个或两个以下正面朝上或有一个或一个以下 25 美分硬币正面朝上。

第3章 涉及相关性的条件概率

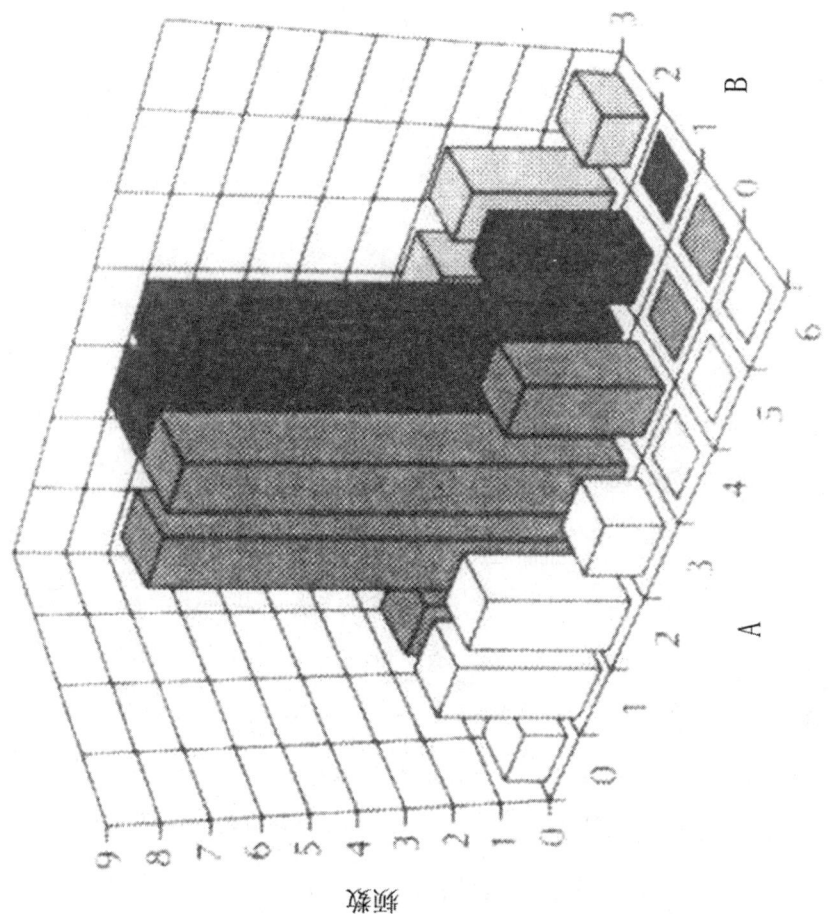

图3-7 投掷三个一角硬币及三个25美分硬币的联合分布例子

所以，如果已知两个方案图谱及其它们之间的相关系数，我们可以得出每个图谱中的两种方案的联合概率。

旧框架均值方差的实践者基本上已经通过利用相关系数，以估量各组成部分的关系，对仅有四个象限的联合分布产生了影响。这对于实际联合分布来说是一个不好的因素，也是新框架优于旧框架的另一个原因。

两个连续分布之间的联合概率

方案图谱也可以被视为二进制分布或非连续分布。如果我们考虑到一个连续分布与有着无穷小的二进制（即无穷多的方案）的非连续分布是一样的，我们可以用与连续分布一样的方法来计算概率。

例如，我们知道在正态分布中，一个观测随机变量有 0.9772 的概率将会处于不到两个标准偏差。一个正态分布随机变量有 0.9986 的概率将会处于不到三个标准偏差。如果我们有一个方案需要一个正态分布随机变量是在+2 及+3 标准单元（即一个图谱中的一个方案）之间，那么我们就能知道这个方案的概率是 0.0214（0.9986 - 0.9772）。然后我们就可以算出连续分布的联合概率。同样，我们也可以让这些方案如我们所希望的那样小。在前述例子中，我们本可以使用一个方案，它需要一个正态分布随机变量处于+2 及+2.1 标准单元之间或在+2 及+2.000001 标准单元之间。

第3章 涉及相关性的条件概率

估算联合概率

我们在此陈述的观点是，如果你知道边际密度及这些边际密度之间的相关系数，那么所有的联合概率分布都可以估算为四分之一，这是一个较吸引人的理念。它准确说明了从部分边际分布中设想一个联合分布的过程。如果我们仅仅使用二项分布（只有两种可能的结果的分布，即仅包含两种方案的方案图谱），我们就可以迅速正确地得出联合概率。然而，要把它划分的更细，要比简单的四分之一更精确地算出联合概率的话，就需要提前知道其他部分（或其他）的相关系数（或是提前知道联合概率，那么你就可以通过转换这个等式，得出相关系数）。

如果这表现出了相关性，那么根据先前的即时结果，联合概率就会是不同的。

通常，我们不能知道两个方案图谱之间的所有相关系数，所以，我们必须要获得实验性数据或预估数据。

如果你有实验性数据，那么获得实验性联合概率确实是比较容易。例如，假设我们正在探求 XYZ 公司及 ABC 公司两种股票之间的联合概率。对于预计每一种股票在下一个持有期（一个持有期可以是我们可选择的任何统一时间长度——可以是一天、两天、一周、一月、一年等等）的价格，我们有许多不同的方案。在 ABC 图谱中有一个方案需要 ABC 上升两个点。在 XYZ 图谱中我们也有一个方案需要 XYZ 下跌 1.5 个点。（只要我们愿意，我们也可以使用百分点，而不必使用原始点值。）现在，我们可以将这两种股票的这些价格数据进行计算机筛选，并得出在多少持有期中，ABC 上升两个点，XYZ 下跌 1.5 个点。那么，对于两个图谱之间的两个方案的每一个组合,我们都可以这样做。因此,我们就可以根据实证,得出两个方案图谱间的联合概率表。

当然,如果你有直接实验性数据,而不是根据实证而得出概率,那么,你就可以根据实证得出所需的相关系数。这样,你就可以建一个联合概率表。

我们也可以估算两个方案图谱间的联合概率表中的概率。这样做的时候,我们必须注意每个联合概率的上限和下限,并确保我们的估算值不超过这些限度。你们可能还记得,一个联合概率的最低限度是0。最高限度是两个独立概率之间的更低值。

你还必须确保表格中的所有联合概率单元总和正好等于1.0。

此外,注意在两个方案图谱间的联合概率表中的每一行及每一列都必须等于那一行或那一列的边际密度总数。例如,设想两个不同方案图谱:

图谱 Y

方案	概率
好的结果	0.4
坏的结果	0.6

图谱 X

方案	概率
战争	0.1
困难	0.2
停滞	0.2
和平	0.45
繁荣	0.05

据此,我们建立以下表格:

	好的结果	坏的结果	边际密度 X
战争			0.1
困难			0.2
停滞			0.2
和平			0.45
繁荣			0.05
边际密度 Y	0.4	0.6	1.0

从这个例子中，我们可以看到第一列的概率之和必须等于第一列的边际密度，即"好的结果"0.4。也就是说，"战争"、"困难"、"停滞"、"和平"及"繁荣"的联合概率之和，与"好的结果"一起，其总数必须正好等于0.4。

同样，第一行的概率总和，即"好的结果"与"战争"之间，及"坏的结果"与"战争"之间的联合概率总和必须等于那一行"战争"的概率0.1。如果我们在处理最后一行繁荣，"好的结果"与"繁荣"之间，及"坏的结果"与"繁荣"之间的联合概率总和必须等于0.5。

注意，如果你需要每一行及每一列的联合概率都等于那一行或那一列的边际密度（因为你必须这样做），那么你不必担心超过任何联合概率的最高限度（而且，只要你的联合概率全都大于或等于0，因为它们一定要大于或等于0，你就不必担心超出联合概率的最低限度）。此外，如果每一行及每一列的联合概率都等于那一行或那一列的边际密度，那么表格中的所有联合概率单元总和将会正好等于1.0（假定每个方案图谱的概率之和也正好等于1.0）。

资金管理新论：资产配置的一个新框架

通常，如果可能的话，你也许希望能结合使用两种方法，以得出联合概率。① 当然，如果你可以得出必需的相关系数，你就可以通过公式计算出联合概率。

最后，当你整理实验性数据时，将数据组的中位数用作那个方案的结果。例如，如果你的数据组有 $0 到 $100 的盈利，有三个值在那个数据组中，分别是 $10、$20 及 $90，那么就将中位数 $20 来作为那个方案的结果。

本书的这一章提出的这个新模型在数学意义上是正确的。它需要的唯一输入数据是这些方案，即每一种结果的概率。联合（条件）概率的估算值的输入数据是至关重要的。如果这些概率一点都不令人满意，那么这个新模型的输出数据也不会是令人满意的。为多个同时的方案图谱的可能结果赋上准确的联合概率就是问题所在。因为达到 n+1 维格局曲线图的最高点与时机选择及交易选择同等重要，而且因为这个新模型给出的最高点（或我们希望达到的任何其他点）将会与联合概率的估算值有着同样的精准度，那么我们就可以说，估算联合概率归根结底是与时机选择及交易选择同等重要的。也许会是更为重要的，因为我们控制了所有的预估值，而我们不能控制下一场交易是否是盈利的。

---

① 在估算联合概率时，你可能会希望模仿由表格中各行各列通过一种数学运算过程而构成的曲线图。或许某种形式的还原分析、神经网络或其他方式可能会有助于根据在此提出的条件概率理论，估算联合分布中的这些联合概率或相关系数。这确实是一个完全开放的领域。在《资金管理的数学》中的第四章中，提出了一种为单个随机变量建模方法，即使用 K-S 测试。对于进一步探求类似方法感兴趣的人应该学习皮尔逊曲线（Pearson curves）及其贝叶斯统计。对于后者，我推荐霍华德·莱福（Howard Raiffa）的《应用统计决策理论》（Applied Statistical Decision Theory），波斯顿：哈弗大学，1961，及理查德·贝尔曼（Richard Bellman）的《适应性过程控制》（Adaptive Control Processes），普林斯顿：普林斯顿大学出版社，1961。

参考文献

1. 威廉·费勒,《概率理论及其应用入门》第二卷,纽约:约翰威利国际出版公司,1966.
2. 弗莱德·格姆,《商品市场资金管理》,纽约:威利出版社,1983,80页.

第4章 一个新模型

通过我们已经了解的条件概率，及第一章与第二章中的内容，我们现在对于创建一个新模型有了一定基础。本章将要提出的新资产分布模型将会让我们能够从新框架的背景中来看待事物。

新框架是由浅入深渐进完成的。也就是说，它并不依赖使用过去的原始数据。在第一章中，提出了一个实验性模型，它确实是依赖于过去的原始数据的，只要希望如此，你就能够通过这个模型在 $n+1$ 维空间内建一个剖析图。然而，一个算法解决方案是可取的，例如正要提出的这种方法，尤其是在将来试图探索 $n+1$ 维空间的曲线图的最高点的移动时，更为有利。一个实验性方法不仅是十分耗时的，也不利于做假定类型的模拟。此外，只要你愿意，你在一个运算模型中依然随时可以使用过去的原始数据（即创建完全符合历史情况的方案图谱）。反之不然。

资金管理新论：资产配置的一个新框架

数学最优化

数学最优化就是要找出一个（一些）既定参数的目标函数的最大值或最小值。因而，目标函数只能通过一个迭代过程解决。例如，找出一个单独市场体系或一个单独方案图谱的最优 f 的过程，它就是数学最优化过程。在这点上，数学最优化方法可以是很简单原始的方法，例如将 f 值从 0 到 1 以 0.01 为等差——试用。目标函数可以是第一章中所述的在不同条件下为一个既定 f 值找出几何均值 HPR 的函数中的一个。而参数就是从 0 到 1 试过的那个 f 值。

目标函数所得出的答案及其运用于这个目标函数的参数让我们在 n+1 空间内的一个特定点处确立坐标。如果只是要找出一个单独市场体系或一个单独方案图谱的最优 f，而 n 等于 1，那么我们的坐标就是在一个二维空间内。其中一个坐标就是用于目标函数的 f 值，而另一个坐标是使用这个 f 值的目标函数所产生的这个值。

因为要在心里想像至多三个维数对我们来说有点困难，所以我们会将 n 维中的这个值设想为 2（那么，我们处理的就是三维及 n+1 格局图）。因为，为了简单起见，我们将 n 维中的这个值定为 2，目标函数给出了一个三维格局图的高度或海拔。我们可以将纵向坐标与一个方案图谱的 f 值相对应，而将横向坐标作为另一个方案图谱的 f 值。每个方案图谱都与一个既定市场系统的可能结果有关。因此，我们可以说，如果两个市场体系是同时交易的，那么纵向坐标与这样一个体系下的这样一个市场的 f 值有关，而横向坐标则与交易一个不同市场及/或一个不同体系的 f 值有关。

这个目标函数让我们能够知道一组特定 f 值的高度。也就是说，目标函数让我们了解一个单独的横向坐标及一个单独的纵向坐标的高度，即一

第4章 一个新模型

个点的长度及厚度可以通过我们在目标函数中所用的 f 值得出,且那个点的高度就是这个目标函数所产生的值。

一旦我们有一个点的坐标(它的长度、厚度及高度),我们就需要一个研究过程,一个数学最优化方法,来改变目标函数所用的 f 值,通过这种方式,我们就能尽快并方便地得出这个格局图的峰值。

我们要做的就是尝试详细绘制出 n+1 维格局图的领域,因为与那个格局图的峰值相对应的坐标能够让我们得出每个市场体系使用的最优 f 值。

这些年来有许多数学最优化方法已经实现了,而且有很多是比较详尽有效的。我们可以从这许多方法中选择。在这个新框架下,我们亟待解决的问题是:"我们应该将这些数学最优化法应用到什么目标函数中呢?"目标函数是这个资产分布的新框架的重心所在,我们将在探讨最优化方法之前讨论目标函数,并举例说明如何使用目标函数。

目 标 函 数

我们希望最大化的目标函数就是几何均值 HPR,简称为 G:

$$G(f_1 \cdots f_2) = \left(\prod_{k=1}^{m} \text{HPR}_k\right)^{\left(1 \Big/ \sum_{k=1}^{m} \text{Prob}_k\right)} \qquad [4.01]$$

当 n = 方案图谱数(市场体系或投资组合组件)。

m = 根据在每一组中有多少方案图谱,不同方案图谱(市场体系)间的结果组合的可能数量。m = 第一个图谱的方案数量 * 第二个图谱的方案数量 * ... * 第 n 个图谱的方案数量。

概率 = 一组特定 f 值的 HPR 的所有 m 的概率总和。Prob_k 是一组特定 f 值的所有 m 的等式 [4.02] 中的括号 { } 中的值的总和。

HPR = 每个 k 的持有期收益。这表示为：

$$\text{HPR}_k = \left(1 + \left(\sum_{i=1}^{n}(f_i * (-\text{PL}_{k,i}/\text{BL}_i))\right)\right)^{\{(\prod_{i=1}^{n-1}(\prod_{j=i+1}^{n} P(i_k|j_k)))^{(1/(n-1))}\}} \quad [4.02]$$

当 n = 投资组合中的组件数量（方案图谱，即市场体系）。

f_i = 组件 i 使用的 f 值。f_i 必须大于 0，并可以达到无限高的数值（即可以大于 1.0）。

$\text{PL}_{k,i}$ = 与第 k 个方案组合相关的第 i 个组件（即方案图谱或市场体系）的结果盈利或损失。

BL_i = 方案图谱（市场体系）i 的最坏结果。

因此，上述 G 等式中的 Prob_k 是：

$$\text{Prob}_k = \left(\prod_{i=1}^{n-1}\left(\prod_{j=i+1}^{n} P(i_k|j_k)\right)\right)^{(1/(n-1))} \quad [4.03]$$

表达式 $P(i_k|j_k)$ 简单来说表示的是与第 k 个方案组合相对应的第 i 个图谱及第 j 个图谱的方案的联合概率（上一章的主要内容）。例如，如果我们有三个硬币，每个硬币代表一个方案图谱，表示为变量 n，且每一个图谱包括两个方案：正面朝上及反面朝上。因此，有八（2*2*2）种可能的组合，表示为变量 m。

在等式 [4.01] 中，变量 k 以累积形式逐渐从 1 增加到 m：

硬币 1	硬币 2	硬币 3	k
t	t	t	1
t	t	h	2
t	h	t	3
t	h	h	4
h	t	t	5
h	t	t	6
h	t	t	7
h	t	t	8

也就是说，最初所有的图谱都设想成最坏（最左边）值，那么，最右边的方案图谱就循环用过它所有的值，随后右边第二个方案图谱增加到下一个（右边下一个）方案中。你像这样继续下去，最右边的方案图谱循环使用它所有的方案，而当右边第二个方案图谱循环用过它所有的值后，右边第三个方案图谱就增加到它的下一个方案。这个过程就与汽车上的里程计完全相同，于是用"里程计形式"这个术语。

在表达式 $P(i_k|j_k)$ 中，如果上文中 k 的值是 3（即 $k=3$），i 等于 1 而 j 等于 3，那么我们将会计算硬币 1 反面朝上及硬币 3 反面朝上的联合概率。最终，通过将等式 [4.02] 与 [4.03] 代入 [4.01] 中，我们就可以建一个完整的目标函数。因此，我们希望将 G 最大化为：

$$G(f_1 \cdots f_n) = \left(\prod_{k=1}^{m} \left(\left(1 + \sum_{i=1}^{n} \left(f_i * \left(\frac{-\text{PL}_{k,i}}{\text{BL}_i} \right) \right) \right) \right)^{\left(\left(\prod_{i=1}^{n-1} \left(\prod_{j=i+1}^{n} P(i_k|j_k) \right) \right)^{(1/(n-1))} \right)} \right)$$

$$^{\left(1 / \sum_{k=1}^{m} \left(\left(\prod_{i=1}^{n-1} \left(\prod_{j=i+1}^{n} P(i_k|j_k) \right) \right)^{(1/(n-1))} \right) \right)} \quad [4.04]$$

这就是我们希望能够最大化的等式目标函数。这是这个新资产分布框架的等式或数学表达式。它给出了 n+1 空间的坐标高度、几何均值 HPR 及其使用的 f 值。无论将多少方案或方案图谱用于输入值，这都是正确的。这是杠杆空间模型的目标函数。

尽管等式 [4.04] 可能看起来有些困难，但我们没有任何理由畏惧它。正如你所看见的，等式 [4.04] 以之前的等式 [4.01] 中表示的压缩形式处理会简单得多。

回到我们之前三个硬币的例子中，假设如果正面朝上我们就可以赢两美元，而反面朝上就输一美元。我们有三个方案图谱，即三个市场体系，称为硬币 1、硬币 2 及硬币 3。正面朝上及反面朝上两种方案包含每个硬币、每个方案图谱。为了简便起见,我们将假定这三个方案图谱(硬币)相互之间的相关系数是0。

因此,我们必须找出三个不同的 f 值。我们试图找出硬币1、硬币2及硬币3的最优 f 值,分别表示为 f_1、f_2 及 f_3,这就能够产生最大增长值,也就是说这三个 f 值的组合会产生最大几何均值HPR(等式[4.01]或[4.04])。

目前我们丝毫没有关注选择的最优化方法。这里的目的是为了说明如何制定目标函数。因为最优化方法往往会为这些参数赋上一个初始值,那么我们就将任意地选取0.1作为这三个 f 值的初始值。

为了简便起见,我们将会用等式[4.01]代替[4.04]。等式[4.01]让我们从循环所有方案组组合开始,并从1到 m 循环 k 的值,并根据等式[4.04]计算方案组组合的HPR,并将这些HPR相乘。我们每一次完成等式[4.02]时,都必须记录下括号{}中的指数,因为我们在后面将会需要这些指数的总和。

因此,我们以 k=1 开始,这时方案图谱1(硬币1)反面朝上,其他两个方案图谱(硬币)也是反面朝上。

我们可以将等式[4.02]重写成:

$$\text{HPR}_k = (1+C)^x$$

$$C = \sum_{i=1}^{n} (f_i * (-\text{PL}_{k,i}/\text{BL}_i)) \quad [4.05]$$

$$x = \left(\prod_{i=1}^{n-1}\left(\prod_{j=i+1}^{n} P(i_k \mid j_k)\right)\right)^{(1/(n-1))}$$

注意等式[4.02]中括号中我们一定要记录的指数在等式[4.05]中表示为变量 x。这在等式[4.03]中也有。

所以,为了得出 C,我们简单地探索每一个方案图谱,将那个图谱中目前所使用的方案结果视作由 k 决定,将这个负数除以有最坏结果的图谱中的方案,并将这个商乘以那个方案图谱使用的 f 值。我们通过探究所有的方案图谱,我们就得出了了这些值的总和。

变量 i 是我们正研究的方案图谱。方案图谱 1 的最大损失是反面朝上,这会导致一美元的损失(即-1)。因此,BL_1 等于-1(BL_2 及 BL_3 也将会等于-1,因为其他两个方案图谱——其他两个硬币——的最大损失也是-1)。与此相关联的 PL,即与 k 所指向的图谱中的方案相对应的图谱 i 的方案结果,在方案图谱 1 中是-1(与在其他两个图谱中一样)。当前的 f 值是 0.1(在其他两个图谱中也是一样)。因此:

$$C = \sum_{i=1}^{n} (f_i * (-PL_{k,i}/BL_i))$$

$$C = \left(0.1 * \left(\frac{--1}{-1}\right)\right) + \left(0.1 * \left(\frac{--1}{-1}\right)\right) + \left(0.1 * \left(\frac{--1}{-1}\right)\right)$$

$$C = (0.1 * -1) + (0.1 * -1) + (0.1 * -1)$$

$$C = (-0.1) + (-0.1) + (-0.1) = -0.3$$

注意这些 PL 都是负数,而因为 PL 前面有一个负号,所以它们变成了正数。

现在我们将等式[4.05]中的 C 的值加 1,得到 0.7(因为 1+ -3 = 0.7)。现在我们必须计算出指数,即等式[4.05]中的变量 x。

$P(i_k | j_k)$ 简单来说表示的是 k 所指向的图谱 i 的方案及 k 所指向的图谱 j 的方案的联合概率。因为 k 目前是等于 1,它指的是在三个方案图谱中都是反面朝上。为了计算出 x 的值,我们要将图谱 1 及图谱 2 中的方案的联合概率总和乘以图谱 1 及图谱 3 中的方案的联合概率,再乘以图谱 2 及图谱 3 中的方案的联合概率。我们以另一种方式将其表示为:

i	j
1	2
1	3
2	3

如果有四个图谱，我们就将所有联合概率的乘积表示为：

i	j
1	2
1	3
1	4
2	3
2	4
3	4

因为我们所有的联合概率是0.25，那么我们就得出 x 的值：

$$x = \left(\prod_{i=1}^{n-1}\left(\prod_{j=i+1}^{n} P(i_k \mid j_k)\right)\right)^{(1/(n-1))}$$

$$x = (0.25 * 0.25)^{(1/(n-1))}$$

$$x = (0.15625)^{1/(3-1)}$$

$$x = (0.15625)^{1/2}$$

$$x = 0.125$$

因此，x 等于0.125，表示的是第 k 个方案组合的联合概率。（注意我们将通过利用两个随机变量的联合概率来得出三个随机变量的联合概率！）

那么，当 $k=1$ 时，$HPR_k = 0.7^{0.125} = 0.9563949076$。根据等式［4.02］或［4.05］，我们必须计算出 k 从1到 m 的所有值的 HPR_k（在这里，m 等于8）。这样的话，我们就得出：

k	HPR$_k$	Prob$_k$
1	0.956395	0.125
2	1	0.125
3	1	0.125
4	10.033339	0.125
5	1	0.125
6	1.033339	0.125
7	1.033339	0.125
8	1.060511	0.125

根据等式 [4.04]，将等式 [4.03] 中给出的这些 Prob$_k$ 全部加起来，我们得出的结果是 1。现在，通过等式 [4.01] 及 [4.04]，将这些 HPR 的乘积代入，就得出 1.119131。然后再完成等式 [4.01]，我们就得出 G 的值是 1.119131，分别与 f_1、f_2 及 f_3 的 f 值为 0.1 时相对应。

$$G(0.1,0.1,0.1) = \Big(\prod_{k=1}^{m} \text{HPR}_k\Big)^{(1/\sum_{k=1}^{m} \text{Prob}_k)}$$

$G(0.1,0.1,0.1) = (0.95639 * 1 * 0.1 * 1.033339 * 1 * 1.033339 * 1.033339 * 1.0605011)^{(1/(0.125+0.125+0.125+0.125+0.125+0.125+0.125+0.125))}$

$G(0.1,0.1,0.1) = (1.119131)^{(1/1)}$

$G(0.1,0.1,0.1) = 1.119131$

现在，根据我们所使用的数学最优化方法，我们将会改变 f 值。最终，我们会发现 f_1、f_2 及 f_3 的最优 f 值都为 0.21。这就可以得出：

k	HPR$_k$	Prob$_k$
1	0.883131	0.125
2	1	0.125
3	1	0.125
4	1.062976	0.125
5	1	0.125
6	1.062976	0.125
7	1.062976	0.125
8	1.107296	0.125

因此，通过等式 [4.01]，我们可以得出：

$$G(0.21,0.21,0.21) = \left(\prod_{k=1}^{m} \text{HPR}_k\right)^{(1/\sum_{k=1}^{m}\text{Prob}_k)}$$

$$G(0.21,0.21,0.21) = (0.88331 * 1 * 0.1 * 1.062976 * 1 * 1.062976 * 1.062976 * 1.107296)^{(1/(0.125+0.125+0.125+0.125+0.125+0.125+0.125))}$$

$$G(0.21,0.21,0.21) = (1.174516)^{(1/1)}$$

$$G(0.21,0.21,0.21) = 1.174516$$

这就是为这些方案图谱产生最大 G 值的 f 值组合。因为这是一种十分简化的情况，即所有方案图谱都是相同的，而且它们之间的相关性都是 0，所以我们最后得出这所有的方案图谱的 f 值都相同，都是 0.21。通常情况下都不是这样的，而且你得出的每个方案图谱的 f 值都会是不同的。

既然我们知道每个方案图谱的最优 f 值，我们就可以通过将每个图谱中的最大损失方案除以那些图谱中每一个的最优 f 负值，而得出那些十进制 f 值的货币形式是多少了。例如，第一个方案图谱硬币 1 的最大损失是-

1。将-1除以负最优 f 值-0.21，我们就得到硬币1的 $f\$$ 为4.761904762。

那么我们将这个过程概述为：

1. 以一组 $f_1\ldots f_n$ 的 f 值开始，n 是投资组合中的组件数量，即市场体系或方案图谱。这组初始 f 值是通过最优化方法而选出的。

2. 通过方案组中 k 以累积形式逐渐从1增加到 m 的组合，并计算每一个 k 的 HPR，将它们相乘。同时，记录下这些 HPR 的指数的累计总和。

3. 当 k 等于 m，且你已经计算出最后的 HPR 时，必须将最后乘积代入到1的幂中，除以所有 HPR 的指数（概率）总和，以得出 G，即几何均值 HPR。

4. 这个几何均值 HPR 让我们得出 $n+1$ 空间的一个高度。我们希望能找出这个空间的最高点，所以我们现在必须选取一组新的 f 值来进行试验，以帮助我们找出最高点。这就是数学最优化过程。

数学最优化与求根

方程式都有左右两边，这两边的式子相减的结果是0。在求根过程中，你希望能够知道自变量的什么值可以让这个方程式的结果等于0（这些就是根）。有一些传统求根方法可以达到这点，例如牛顿-拉弗森（Newton-Rapheson）方法。

求根看上去是与数学最优化相关的，因为一个最优函数（即设定为极值）的一阶导数将会等于0。因此，你可能认为像牛顿-拉弗森方法这样的传统求根方法可以用于解决最优化问题（然而，用我们所认为的最优化方法来解决方程式的求根问题可能导致潘多拉之盒问题）。

然而，我们的论述仅会涉及到最优化方法，而不涉及求根方法本身。列举这些方法的唯一一个最好的来源就是数值分析。[1]

最优化方法

简要来说，最优化方法可以表示为：你有一个函数（我们将其称为G），即目标函数，它取决于一个或一个以上自变量（我们称其为$f_1…f_n$）。你希望能得出将产生目标函数的最小值（有时是最大值，就如在此例中）的这个（这些）自变量的数值。最大化与最小化实质上指的是同样的意思（也就是说，一个人的 G 就是另一个人的-G）。

以一种最简单的方式，我们可以这样来进行最优化：将每一个参数组合代入到目标函数中，并观察哪一个会产生最好的结果。例如，假如我们想要找出两个同时抛掷的硬币的最优f，而且希望把结果精确到 0.01。那么我们可以在 0.0 处测试硬币 1，而在 0.01 处测试硬币 2，然后 0.01、0.02 继续下去，直到我们将硬币 2 测试到了 1.0 处。然后，我们可以回去在 0.01 处测试硬币 1，并在硬币 1 保持在 0.01 处时，循环硬币 2 的所有可能的值。我们这样继续下去，直到两个数值都达到最大值，即两个数值都等于 1.0。因为这里的每个变量都有 101 种可能的数值（以 0.01 为等差的从 0 到 1.0 的数值，包括 0 及 1.0），那么我们必须尝试的组合就有 101 * 101 种，或者说目标函数必须估算 10201 次。

只要我们愿意，我们可以要求精确度大于 0.01。假定我们希望精确度达到 0.001，那么我们将需要尝试的组合就会有 1001 * 1001 种，或者说目标函数将必须被估算 1002 001 次。那么如果我们要列入三个变量，而不是两个，并要求这样精确到 0.001 那么我们将必须估算这个目标函数 1001 * 1001 * 1001 次，或 1 003 003 001；也就是说，我们估算目标函数的次数一定要超过十亿次。而我们使用的只不过是三个变量，精确度只是要达到 0.001！

尽管这种简单的最优化方式有利于成为所有最优化方法中最有力的一种，但它也有不尽如人意的特征，即是要将其用于大多数问题中比较耗时。

为何不循环使用所有变量用作第一个变量，并得出其最优值；然后循环使用所有变量用作第二个变量，同时将第一个作为最优值；得出第二个变量的最优值，那么你就能够得出前两个参数的最优值；然后将前两个变量定为最优值，同时找出第三个变量的最优值……直到你已经解决这个问题呢？

这个第二种方法的问题在于以这种方式往往不可能找出最优参数集。注意等到我们用到了第三个变量时，前两个变量等于它们的最优值，就好像没有其他变量了。因此，当第三个变量被最优化时，而前两个变量被定为它们的最优值，它们就会干扰第三个最优值的解答。你最后将得出的不是这三个变量的最优参数集，而是第一个参数的最优值，第一个被设为最优值时第二个的最优值，第一个被设为最优值时第三个的最优值，及其第二个被设为次优值时在第一个的干扰下的最优值等等。一直循环使用这些变量并最终解决最优参数集是有可能的，但如果有三个以上变量，如果这依然是有可能的，那么由于其他变量的干扰，这会变得越来越漫长。

除了上述这两种不够成熟的方法，数学最优化还有经修订的较好的方法。这在现代数学中是一个较有吸引力的分支，我强烈建议你对此进行学习，只是希望你能够像我一样从这个学习过程获得一点满足感。

一个极值,即最大值或最小值,可以是全局(完全意义上的最高或最低值)极值或局部(在最近区域的最高或最低值)极值。要确切地知道一个全局极值几乎是不可能的,因为你不知道自变量的值域。如果你确实知道这个值域,那么你只是得出了一个局部极值。因此,通常人们谈到一个全局极值时,事实上他们指的是自变量值域很广的一个局部极值。

在这种情况下,要找出一个最大值或最小值有很多方法。通常情况下,在任何一种数学最优化中,这些极值方面的变量都有很多局限。例如,在我们的例子中就有这样的限制:所有自变量(f值)必须大于或等于0。通常都有一定会有交集的约束函数[即所使用的包含这个(这些)变量的其他函数必须大于/小于或等于一个特定的值]。包括单纯型算法的线性规划是这种约束最优化的一个进展十分完备的领域,但它仅在函数是最优化函数且约束函数是线性函数(一次多项式)时有效。

一般来说,数学最优化的不同方法可以分为以下类型及所选择合适的方法:

1. 单一变量(二维)与多变量(三维或大于三维)目标函数。

2. 线性方法与非线性方法。也就是说,正如前面所说的,如果函数是最优化函数且约束函数是线性函数(即这个函数在任何情况下都没有大于1的指数),那么就有许多十分完善的方法来解决极值问题。

3. 导数。一些方法需要计算目标函数的一阶导数。在多变量目标函数中,一阶导数是一个称为倾斜度的向量。

4. 计算效率。也就是说,如果你想要尽快(即通过尽量少的计算过程)、尽量容易地(需要计算导数的那些方法要考虑的)得出极值,并使用尽量少的计算机存储。

5. 稳健性。记住,你想要得出的是参数值域很广的一个局部极值,用来替代全局极值。因此,如果在这个范围内有一个以上极值,那么你不会

第4章 一个新模型

希望卡在不够极端的极值上。

在我们的论述中，我们只涉及到多维情况。也就是说，我们仅关注那些涉及到两个或两个以上变量（即超过一个方案组）的最优化算法。在探索一个单一 f 值（即找出一个市场体系或一个方案组的 f）时，在《投资组合管理公式》中详述的抛物线插值通常将会是最快、最有效的方法。

在多维情况中，有很多完善的算法，但也有不够完美的算法。对于某些问题，一些方法比其他方法更有效。通常，在选择一种多维优化方法时，个人偏好是主要决定因素（倘若这个人有其挑选的方法所必需的计算机硬件）。

多维方法可以根据五大类别来划分。

首先是爬山单纯形法。如果计算量变得有点多，这也许是所有方法里效率最低的一种。但是这种方法很容易实施，而且不需要计算一阶偏导数。遗憾的是，它们往往很耗时，而且其储存需求大约是 n^2。

第二类是方向设定方法，也称为直线极小化方法或共轭方向法。其中最值得一提的是鲍威尔的各种方法。这些在速度方面比爬山单纯形法更加有效（注意不要与前面提到的线性函数的单纯形算法混淆），并不需要计算一阶偏导数，而其储存需求仍然大约是 n^2。

第三类是共轭梯度法。其中值得一提的是弗莱彻-里弗斯（Fletcher-Reeves）法及与其紧密相关的波拉克-里比尔（Polak-Ribiere）法。这一类方法在速度及储存（其储存需求大约是 n 乘以 x）方面往往是所有方法中最有效的，但需要计算一阶偏导数。

多维优化方法的第四类是拟牛顿法或变尺度法。其中包括戴维森-弗莱彻-鲍威尔（DFP）及布罗伊登-弗莱彻-戈德法布-尚诺（BFGS）算法。与共轭梯度法一样，这类方法也需要计算一阶偏导数，而往往会更快地收敛到一个极值，但这需要更大的储存，大约为 n^2。然而，优于共轭梯度法的地方在于这类方法持续时间更长，应用更加广泛，而且相关资料更多。

第五类是多维优化方法中的自然模拟类。这类方法是目前为止最引人关注的，因为这是通过模拟自然中的进程而寻求极值的，而自然本身就被认为是在探求极值。这类方法中包括遗传算法，即通过适者生存进化过程来寻求极值，及其模拟退火法，即通过模拟结晶化而让一个系统找出其最低能态的一种方法。这类方法通常是所有方法中最稳健的方法，几乎不受局部极值的影响，而且可以解决复杂性极高的问题。然而，它们不一定是最迅速的，而且在大多数情况下都不会是最快的。这类方法仍然很新，目前很少有人熟悉。

尽管你可以任何上述的多维优化算法，但我选择遗传算法，因为除了尝试每一个变量组合的及其原始的方法外，这也许是唯一一个最稳健的数学优化法。

它是一种普遍的优化搜索方法，已经应用于许多问题。它通常应用于神经网络中，因为它能够很好地适应混乱或大量的非线性问题。因为这种方法不需要梯度信息，所以它也可以应用于非连续函数以及经验函数，就如同应用到分析函数中一样。

尽管这种算法通常会应用于神经网络中，但并不仅限于此。在这里，我们可以将其用作在 $n+1$ 维格局图中找出最优点的一种方法。

适者生存

遗传算法被认为是复制自然中的适者生存原则的。它确实是这样的，但又不完全与自然一样。事实上，我们对于自然是如何确实产生这个原则的确实并不十分了解。

首先，在自然界中，如果你选取相同的候选者，那么始终有一个会成为胜者；也就是说，他将会被认为是最适合的。即使所有候选者都是一样的，这仍然是正确的！

例如，如果我在桌上扔了一把硬币，并用另一枚硬币作为"抛掷"硬币，那么我就可以进行以下游戏。桌上的硬币平均分散开，正面朝上或反面朝上。我抛掷这个抛掷硬币，如果它正面朝上，我就移除一个正面朝上的硬币。如果它是反面朝上，我就移除一个反面朝上的硬币。在最后的硬币全都是正面朝上或全都是反面朝上时，游戏就结束。

这是一个无聊的游戏，但却证明了在这个游戏中，既非正面朝上也非反面朝上的硬币具有选择优势（都有相同的可能性成为胜者），但只有一个会成为胜者，即最适合的。

所以，当我们问："哪一个候选者是最适合的？"时，我们就面临着一个似是而非的答案："就是胜利的那一个。"

同样，这样看来，自然似乎有许多不同的目标函数。如果不是的话，世界最终就会被两栖动物占据了，因为它们可以飞得很快！例如，你如何解释某些事物的存在，例如蜂鸟呢？它严重直接依赖于糖类，与人相比，它并不聪明，但却与如此多的其他物种一起生存于地球上。很明显，蜂鸟在地球的自然秩序中找到了适合自己的位置——自然提供的一个目标函数，蜂鸟达到这个函数的标准，所以它没有灭绝。

相反，遗传算法要简单得多。在这里，我们有一个试图满足的的目标函数。所以，尽管我们说遗传算法是在一个自然进程后建立的，但它比自然进程简单得多，几乎不适合这个名字。

遗传算法

简单地说，这种算法通过测试许多可能的候选方案，并根据其输出值的优劣来排名，无论用什么样的目标函数都可以应用。那么，就像自然选择理论一样，最适合的才能生存，并且重新产生新一代候选方案，承袭了前一代的所有母方案的特征。总体的平均适合度将会在许多代之后增长，并接近一个最佳值。

这种算法的主要缺陷在于需要大量的系统开销处理，以评估及维持候选方案。然而，由于其稳健特性及其对于所有优化问题的有效实施，无论它有多大，无论它是否非线性或混乱的，作者都认为它将会成为未来选择的实际优化法（除非一个具备这些有利特征的更好的算法出现）。因为电脑比以往任何时候都要更有效且便宜，遗传算法所需的系统开销处理变得不再那么重要了。事实上，如果处理速度为0，如果速度不再有影响，那么遗传算法将会成为几乎所有数学优化问题选择的优化法。

这种算法包含的基本步骤为以下几点：

1. 基因长度。你必须确定一个基因的长度。一个基因指的是候选方案总体的一个部分的二进制表示，且这个总体的每个部分都可代表每个变量的值（即每个方案图谱的 f 值）。因此，如果我们允许基因长度等于12乘以方案图谱的数目，我们每个变量的值就是12比特（即 f 值）。12比特容许这个值在0到4095之间的范围内。这可以计算为：

$$2^0+2^1+2^2+\ldots+2^{11}=4095$$

只要将2的0次幂加上2的1次幂，然后继续往下加，知道你达到比特数减1（在这里即是11）次幂。如果说有三个方案图谱，且每个方案图谱的长度是12比特，那么每个候选方案的基因长度是 12 * 3 = 36 比特。

也就是说，这种情况下的基因是一串三十六比特的 1 和 0。

注意这种将比特串进行编码的方法仅考虑到了整数，我们可以通过使用一个统一的因子而使得它也能适用于浮点值。因此，如果我们选择一个统一因子，比方说 1 000，那么我们可以存储从 0/1000 到 4095/1000 的值，或 0 到 4.095，并得出小于 0.001 的精确度。

那么我们所需要的就是一种将候选方案转化为编码二进制串并循环往复的程式，

2. 初始化。需要一个初始总数目——也就是候选方案的总数。第一代的比特串是随机编码的。更大的总数让我们有更大的可能性找到一个好的方案，但需要更多处理时间。

3. 目标函数求值。比特串被转换成与其等值的十进位数，并用于目标函数的求值中。（例如，假定各个方案图谱的 f 值分别为 X 及 Y 坐标，如果我们正考虑两个方案图谱，那么目标函数会给出 Z 坐标的值，即三维图的高度。）这对所有候选方案都有效，且它们的目标函数被保存。（重点：目标函数值一定是非负数！）

4. 复制

a. 基于合适度进行估量。现在要对目标函数进行估量。通过首先确定所有候选方案目标函数的的最小值，然后从所有候选方案中减去这个值，来进行估量。然后将所得结果相加，那么，每个目标函数都可得出相减后的最小目标函数，然后将所得结果除以总和，以得出一个 0 到 1 之间的合适度。那么所有候选方案的和适度总和将会等于 1。

b. 基于合适度的随机选择。现在将估量后的目标函数如下排列。如果说第一个目标函数的估量合适度为 0.5，，第二个为 0.1，第三个为 0.08，那么它们就会建立如下一个选择方案：

第一个候选者　　0 到 0.05

第二个候选者　　0.05 到 0.15

第三个候选者　　0.15 到 0.23

这将一直持续到最后一个候选者达到上限 1.0。

现在，两个随机数字在 0 到 1 之间产生这些随机数字由前述的母方案的选择方案决定。现在两个母方案必须为下一代的每个候选方案选择。

c. 交叉。通过新总体候选者的子方案的每一个二进位数，以复制子方案的第一个二进位数的第一个母方案的第一个比特开始。在每一个二进位数移行处，你也要产生一个随机数。如果这个随机数小于或等于（交叉概率/基因长度），那么就要转而复制其他母方案的二进位数。因此，如果我们有三个方案图谱，且每个变量有 12 比特，那么基因长度就是 36。如果我们的交叉概率为 0.6，那么任何二进位数所产生的随机数都必须小于 0.6/36，或小于 0.01667，以转向复制其他母方案后续二进位数的编码。这样继续下去，直到所有二进位数都复制到了子方案中。这必须要实施于所有新总体候选者。

通常来说，交叉概率的范围在 0.6 与 0.9 之间。因此，0.9 的交叉概率指的是平均有 90% 的几率会与子方案交叉；即子方案将有 10% 的几率是完全模仿其中一个母方案的。

d. 突变。在从母方案复制每一个二进位数到子方案中时，会产生第二个随机数。如果这个随机数小于或等于突变概率，那么就要切换那个二进位数。因此，母方案中一个为 0 的二进位数在子方案中会变成 1，反之亦然。突变有助于保持总体差异。通常突变概率应该是一些较小的值（即 $<=0.001$）；否则这种算法容易变成一种随机搜索。然而随着算法接近一个最优值，突变会变得越来越重要，因为交叉不能在 $n+1$ 格局图中的这样一个局部空间内保持遗传差异。

现在你可以回到第三步，并进行下一代的程序。同时，你必须记录下最高的目标函数结果及其相应的基因。继续重复这个过程，直到你达到未加改善的 X 代，即最佳目标函数未被超越的 X 代。然后在那时你就结束这个过程，并将与那个目标函数值相应的基因作为你的方案组。

例如，假设我们的目标函数是表格中的一个，那么这种遗传算法就是这样实施的：

$$Y = 1500 - (X - 15)^2$$

为了更简洁地进行说明，我们将假设只有一个变量；因而，总体中的每一个部分都仅有那个变量的二进制代码。

通过仔细观察，我们可以看到 X 的最优值是 15，而这样得到的 Y 值是 1500。然而，我们很少会知道这些变量的最优值是多少，但为了简单的说明，如果我们知道最优值，会有帮助的，那么我们可以看看这种算法是如何解答出来的。

假设三个部分的初始数量，每一个的变量值都转换成了五个二进位数的比特串，且每一个最初都是随机的：

第一代

个体#	X	二进制 X	Y	合适度
1	10	01010	1475	0.4751
2	0	00000	1275	0
3	13	01101	1496	0.5249

现在，通过基于合适度的随机选择，第二代的个体数 1 来自于第一代的母体 1 和 3（注意母体 2 的合适度为 0，已经消失了，将不会遗传其基因特性）。假定随机交叉在第四个二进位数后发生，那么第二代的个体 1 就保留了第一代的个体 3 的前四个二进位数及第一代的个体 3 的最后一个二

进位数，从而第二代的个体 1 就是 01011。

假设第二代的个体 2 也来源于同样的母体；交叉就仅发生于第一和第三个二进位数后。因此，它保留了第一代的个体 1 的二进位数 0，及第一代的第三个个体的第二和第三个二进位数 11，以及第一代的个体 1 的最后两个二进位数，于是第二代的第二个个体的基因序列为 01110。

现在，假定第二代的第三个个体的第一及第二个母体来源于个体 1。那么，第二代的第三个个体最终的遗传物质与第一代的第一个个体完全一样，即是 01010。

第二代

个体#	X	二进制 X
1	11	01011
2	14	01110
3	10	01010

那么，通过随机突变，个体 1 的第三个二进位数就出来了，而所得结果值用于估算目标函数：

第二代

个体#	X	二进制 X	Y	合适度
1	15	01111	1500	0.5102
2	14	01110	1499	0.4898
3	10	01010	1475	0

注意 Y 的平均数是如何在两代之后上升或演变的。

第 4 章　一个新模型

重要提示

　　从总体来看，将最大的个体代码带到下一代中往往是有益的。通过这样做，优秀的方案组一定可以保留下来，而且这有利于加快算法。那么，你就可以通过增大交叉概率及突变概率的值来较大限度地保留基因差异。我发现如果你一代代地保留最合适的个体代码，这可以防止算法退化成一种随机搜索，那么你可以使用交叉概率2、突变概率0.05，从而使这些方案更快实施。

　　当群体规模接近无穷，也就是说你使用的群体规模的值越来越大时，那么你得出的答案就是正确的。同样，如果未加改善的群体参数接近无穷——即你使用的未加改善的群体数值越来越大时——那么你得出的答案就是正确的。然而，这两个参数的增加会导致额外的计算时间。

　　这种算法可能极费时间。随着方案组数量的增加，以及方案数量的增长，运算时间会呈几何式增长。根据你的时间限制，你可能希望将你的方案组及方案数量保持在一个易于管理的数目。计算机速度（即你可以使用的最高效的计算机）在这里是很有利的。

　　一旦你找到了最优的投资组合，也就是说，一旦你得出了 f 值，那么你只要将那些 f 值除以相关方案图谱的最大损失方案，以得出那个特定方案图谱的 $f\$$ 。这完全与我们在第一章中为确定在一个最优投资组合中要交易多少合约要做的是一样的。

参考文献

1. 威廉·H. 普雷斯、布莱恩·P. 弗兰纳里、索尔·A. 图科斯基、威廉·T. 维特灵,《数值分析：科学计算艺术》,剑桥：剑桥大学出版社,1986.

第5章 投资经理的资金管理

对于投资经理来说，资产配置是首要任务。布林森（Brinson）、辛格（Singer）及比鲍尔（Beebower）最近的一项关于十年期间的82个大型公积金计划的研究，发现一项计划的资产配置政策代表了所获收益的91.5%。计划发起人与经理做出的关于选股与择时的积极的投资决策对绩效的作用极小，然而资产配置政策是绝对主导因素。

为什么如此多的投资计划以任意资产配置政策为特点，而不是一个基于数学运算的政策呢？毫无疑问，我们有许多不懂之处。此外，随着衍生品交易及融资手段的大量增加，资产配置难题变得更加难以捉摸，任意配置的趋势有增无减。投资经理需要一个新框架，以基于数学运算来分析他们的资产配置政策，并将杠杆作用的双层意义都考虑进来。

我们可以通过上一章提出的新模型，找出杠杆空间的 $n+1$ 维格局图的峰值。可惜的是，投资经理一定处于某些特定的约束条件下，在大多数情况下，这将会妨碍他们处在这个格局图的最高点处。这样的不利条件几乎始终都会超出他们的投资者所能接受的范围之外。然而，这样不能处于最高点并不意味着他们不可以使用新框架来做出有利的选择。

因此，本章尝试探索新框架背景下的可行的替代方案，为了处在 $n+1$

维格局图的最高点处。而且，这个新框架为我们提供了解决这个问题的其他有利方法。因为最终所有的投资经理都会处在这个格局图上的某处，所以他们应该意识到用不同于他们正使用的其他某种方式，在这个框架内操作会更有益，即使他们能够承担不处于这个格局图的最高点处的不利因素。这些其他有利的替代方案是本章的主题，及其许多实际生活中的障碍，例如保证金要求，投资经理在实施这个新框架时会面临这些问题。

实施这个新模型

通常，在你进入一个持有期内时，你应该知道要在哪个市场及系统（即方案图谱）内进行投资，以及在某一个之内，你已经在之前的持有期内确立位置，并将其带到新的持有期内。此外，你很有可能将会在不同方案图谱内改变方案，以反映更多的当前信息（其概率、结果或是两者），或者在不同方案图谱中创建或删除新的方案。

这些方面都没有问题。你必须要做的是进入新持有期的所有位置的最优投资组合都必须根据新信息确定下来。这些位置必须调整为可以反映这个模型要求的数量，以便你所使用的始终是所谓的最优配置。每当你将要进入一个新的位置，你应该根据新模型再一次确定最优投资组合，并再一次改变你的位置，以便使你所使用的位置是当前所认为的最优配置。

简要来说，进入每一次新持有期时，始终重现这个模型，以反映出输入信息所做出的改变，并始终使用目前所示的最优配置。

第5章 投资经理的资金管理

活动股本及闲置股本

如果我们完全以最优配置来交易一个投资组合，那么我们可以预计在股权回撤方面整个投资组合将会出现巨大的损失。我们对此进行防范的唯一办法就是尽可能摊薄投资组合。因此，任何投资的风险与安全程度不是投资本身的一个函数，而是关于摊薄程度的一个函数。

即使是蓝筹股的一个投资组合，如果在其几何最优投资组合水平进行交易，也将会出现巨大的损失。然而，这些蓝筹股必须在这些水平处进行交易，因为这些水平会最大化潜在几何收益与分散（风险）比，而且也会有利于在最少的时间内达到一个目标。从这个角度来看，交易蓝筹股不再比交易猪腩肉风险更大。商品交易系统的一个投资组合与债券的投资组合也可以这么说。

通常说来，无论是有心还是无意，投资者都会进行摊薄。也就是说，如果以最佳方式，一个人应该在 $f\$$ 水平为 $2 500 时交易投资组合中的某个组件，但是他们可能会有识意地在 $f\$$ 水平为 $5 000 时交易，有意识地努力使股本曲线图平滑，并缓和下跌程度，或者无意识地在这样一个未达最佳水平的 f 处交易，因为如第一章所说，所有位置都可以赋上 f 值。

进行资产配置的另一种方式就是通过将你的股权分成两个子账户，一个活动账户及一个闲置子账户。这些不是两个单独账户，反而它们在理论上都是一种划分一个单一账户的方法。

这种方法是如下这样生效的。首先，你必须确定一个初始局部水平。我们可以假设最初你想要在 $1/2f$ 水平处模拟一个账户。因此，你的初始局部水平是 0.5（初始局部水平必须大于 0 并小于 1）。这意味着分割你的账户，你账户的 0.5 股本成为闲置子账户，另外 0.5 的股本成为活动子股本。

资金管理新论：资产配置的一个新框架

假设我们以 $100 000 的账户开始。因此，最初 $50 000 是闲置子账户，另外 $50 000 属于活动子账户。你用于决定交易多少个单元的是活动子账户的股本。这些子账户不是真实的，它们是你所创建的一个假设性构想，目的是更有效地管理你的资金。你通过这种方法始终使用最优 f。任何股本变化都反映在账户中的活动部分。因此，你每天都要看看账户的总资本（平仓净值与未平仓净值，标记下市场的开放位置）并减去闲置数额（每天都保持不变）。差别在于你的活动股本，并且你将基于这种差别计算要在完全 f 水平处交易多少单元。

我们假设市场体系 A 的最优 f 是要在账户资产中的每 $2 500 交易一个合约。你第一天开始时，有 $50 000 活动股本，因此你将会考虑交易 20 个单元。如果你正好使用 1/2f 策略，那么你最后将会交易的单元数量与第一天的一样。在 1/2f 处，你将会用账户资产的每 $5 000 交易一个合约（$2 500/0.5），而且你要使用全部的账户资本 $100 000，来估算要交易多少个单元。因此，通过这个 1/2f 策略，你在这一天也将会交易二十个单元。

然而，随着账户中的资本的变化，你将会交易的单元数目也会随之改变。我们假设你在第二天赚了 $5 000，从而使得账户中的总资本上升至 $105 000。在这个二分之一 f 策略下，你现在将会交易二十一个单元。然而，通过资本分割方法，你必须从你的总资本 $105 000 中减去当前恒定的闲置数额 $50 000，然后就剩下 $55 000 的活动资本部分，据此你可以从中推算出你每 $2 500 的资本的一个合约在最优 f 水平处的合约大小。因此，通过这个资本分割法，你现在将会考虑交易二十二个单元。

这个过程对于资本曲线图的消极面同样有效，通过资本分割法，你可以用比部分 f 策略更快的速率减少单元数。假定我们在第一天交易时损失了 $5 000，使得总账户资本变成了 $95 000。而通过部分 f 策略，你现在可能会交易十九个单元（$95 000/$5 000）。然而，通过资本分割法，你

现在剩余了 $45 000 活动资本，因而你将会考虑交易十八个单元（$45 000/$2 500）。

注意通过资本分割法，我们所使用的最优 f 的实际部分会随着资本的变化而改变。我们指定了我们希望作为初始值的部分。在我们的例子中，我们用的初始部分是 0.5。如果资本增长，那么最优 f 的部分也会增加，并随着账户资本接近无穷，增加到最大值 1。其缺点在于，这个部分在总账户资本等于闲置部分时会接近最小值 0。事实上，资本分割法是有固定投资组合保险的，这是一个巨大的有利因素，我们在本章的后面会对此做出详细说明。

因为资本分割法包括一个可变 f 部分，所以我们将其称为动态部分 f 策略，与直线部分 f（我们将称之为静态部分 f）策略相反。

使用动态部分 f 法与在最优 f 处交易整个账户类似，账户的初始规模是活动资本部分。

所以，我们可以了解到从完全几何最优投资组合摊薄一个账户有两种方式，我们可以交易静态部分或者是动态部分的 f。尽管这两种方式属于同一类，但它们也有差异。哪一个更好呢？

首先，我们需要在给定对那些方案图谱有影响的 f 值时，能够确定同时交易 n 场特定方案图谱的运算均值 HPR，以及那 n 场同时交易的方案图谱的 HPR 的方差，给定对那些方案图谱有影响的 f 值。这些可以表示为：

$$\text{AHPR}(f_i \cdots f_n) = \frac{\sum_{k=1}^{m}\left[\left(1+\sum_{i=1}^{n}\left(f_i *\left(\frac{-\text{PL}_{k,i}}{\text{BL}_i}\right)\right)\right) * \left\{\left(\prod_{i=1}^{n-1}\left(\prod_{j=i+1}^{n} P_{(i_k|j_k)}\right)^{(1/(n-1))}\right)\right\}\right]}{\sum_{k=1}^{m}\text{Prob}_k} \quad [5.01]$$

其中 n = 方案图谱数量（市场体系或投资组合组件）。

m = 基于每一组中方案图谱的数量的不同方案图谱（市场体系）间可

能的结果组合数量。m = 第一个图谱的方案数量 $*$ 第二个图谱的方案数量 $*...*$ 第 n 个图谱的方案数量。

Prob = 一组特定 f 值的 HPR 的所有 m 的概率总和。Prob_k 是一组特定 f 值的所有 m 值的分子中的括号 {} 中的值的总和。

f_i = 组件 i 所用的 f 值。F_i 一定是 >0，并可以是无限大（即它可以大于 1.0）。

$\text{PL}_{k,i}$ = 与第 k 个方案组合相关的第 i 个组件（即方案图谱或市场体系）的盈利或损失结果。

BL_i = 方案图谱（市场体系）i 的最坏结果。

因此，等式中的 Prob_k 等于等式 [4.03]。

等式 [5.01] 只是将每个 HPR 的系数乘以其概率，然后将它们相加。然后将结果数值除以概率之和。

一组以特定 f 值同时交易的多场方案图谱的这些 HPR 的方差可以首先通过代入 HPR 的初始系数 rawcoef 得出：

$$\text{rawcoef}_k = 1 + \sum_{i=1}^{n}\left(f * \left(\frac{-\text{PL}_{k,i}}{\text{BL}_i}\right)\right) \qquad [5.02]$$

然后，计算出 1 到 m 的所有 k 值的这些初始系数的平均数，以得出 arimeanrawcoef：

$$\text{arimeanrawcoef} = \frac{\left(\sum_{k=1}^{m}\text{rawcoef}_k\right)}{m} \qquad [5.03]$$

现在，方差 V 可以计算为：

$$V = \frac{\sum_{k=1}^{m}(\text{rawcoef}_k - \text{arimeanrawcoef})^2 * \text{Prob}_k}{\sum_{k=1}^{m}\text{Prob}_k} \qquad [5.04]$$

而 Prob_k 可以通过等式 [4.03] 计算出。

第5章 投资经理的资金管理

为什么我们需要了解这些呢？如果你还记得第一章的基本等式的话，那么了解运算均值 HPR 及其方差会有很大的作用，尤其是我们现在应该了解到这点。

如果我们知道 AHPR 是什么，并知道一个特定 f 水平的方差（比方说最优 f 水平，以便方便论证），我们可以将这些数值转换成他们在一定稀释程度时将会交易的东西，我们称之为 FRAC。而因为我们能够计算出两条直角边，所以我们也可以计算出在这种稀释程度的预计几何均值 HPR。现在这个公式可以用于计算稀释 AHPR（又称为 FAHPR）、稀释标准偏差（即是方差的平方根）FSD 及稀释几何均值 HPR，在这里称为 FGHPR：

$$FAHPR = (AHPR-1)*FRAC+1 \qquad [5.05]$$

$$FSD = SD*FRAC \qquad [5.06]$$

$$FGHPR = \sqrt{FAHPR^2 - FSD^2} \qquad [5.07]$$

其中 FRAC = 我们试图解决的最优 f 部分

AHPR = 最优 f 处的运算均值 HPR

SD = 最优 f 处的 HPR 的标准偏差

FAHPR = 在部分 f 处的运算均值 HPR

FSD = 在部分 f 处的 HPR 的标准偏差

FGHPR = 在部分 f 处的几何均值 HPR

我们假设我们有一个系统的 AHPR 是 1.0265。这些 HPR 之间的标准偏差是 0.1211（即这是等式 [5.04] 得出的方差的平方根）；因此，预计几何均值是 1.019。现在，我们将看看一个 0.2 静态部分 f 及一个 0.1 静态部分 f 的数值。那么所得结果就是：

	完整 f	0.2f	0.1f
AHPR	1.0265	1.0053	1.00265
SD	0.1211	0.02422	0.01211
GHPR	1.01933	1.005	1.002577

以下等式最后也将会很有用,达到一个特定目标的预计时间:

$$T = \frac{\ln(\text{目标})}{\ln(\text{几何均值})} \quad [5.08a]$$

其中 $T=$ 达到一个特定目标的预计持有期数量

目标= 我们的初始赌注的倍数方面的目标,即一个 TWR

ln( ) = 自然对数函数

现在,我们将比较以几何均值为 1.005 的 0.2 静态部分 f 策略交易与每日几何均值为 1.01933 的 0.2 动态部分 f 策略(用 20% 作为初始活动资本)。将静态部分 f 翻倍所需的时间(天数,因为几何均值是按日计算的)可以通过等式 [5.08a] 得出:

$$\frac{\ln(2)}{\ln(1.005)} = 138.9751$$

为了将动态部分 f 翻一番,我们需要将目标定为 6。这是因为,如果你最初有 20% 的资本在活动,而你以 \$100 000 的账户开始,那么你最初就有 \$20 000 在活动。目标就是要使得活动资本等于 \$120 000。因为闲置资本仍然是 \$80 000,所以你将共有 \$200 000 在你的账户中,而最开始只有 \$100 000。因此,要将一个 \$20 000 的账户增长到 \$120 000 就意味着你的 TWR 需要达到 6。所以,要将 0.2 动态部分 f 翻一番的目标是 6:

$$\frac{\ln(6)}{\ln(1.01933)} = 93.58634$$

第 5 章 投资经理的资金管理

注意为什么动态部分 f 的翻倍需要 93 天,而静态部分 f 翻倍需要 138 天。

现在我们看看 0.1 部分。为了使静态方法翻倍,预计需要的天数应为:

$$\frac{\ln(2)}{\ln(1.002577)} = 269.3404$$

如果我们将这与使一个最初将动态值设定为 0.1 的动态部分 f 翻一番进行对比,你就需要使 TWR 达到 11。因此,相对动态部分策略所需天数是:

$$\frac{\ln(11)}{\ln(1.01933)} = 125.2458$$

因此,为了使账户资本以 0.1 的部分 f 翻一番,在我们的静态事例中需要 269 天,而在动态事例中需要 125 天。f 的部分越低,动态方法就比静态方法更快。

我们看看将 0.2 部分 f 翻两番的情况。通过静态方法翻两番的预计天数是:

$$\frac{\ln(3)}{\ln(1.005)} = 220.2704$$

而相对地用动态方法,需要的天数则是:

$$\frac{\ln(11)}{\ln(1.01933)} = 125.2458$$

通过静态方法产生 400% 的盈利(即 TWR 的目标是 5)所需的天数是:

$$\frac{\ln(5)}{\ln(1.005)} = 322.6902$$

而相对应的动态方法则是:

$$\frac{\ln(21)}{\ln(1.01933)} = 159.0201$$

在这个例子中,要达到 400% 的目标,静态方法所需的时间几乎是动态方法的两倍。然而，如果你注意到静态方法翻倍时的时间 322.6902 天，那么动态方法的 TWR 将会是：

$$= 0.8 + (1.01933 \wedge 322.6902) * 0.2$$
$$= 0.8 + 482.0659576 * 0.2$$
$$= 97.21319$$

这表示用通过静态方法盈利 400% 所需的时间，可以盈利超过 9 600%。

那么我们可以修改等式 [5.08a]，以使得静态及部分动态 f 策略都可以得出达到一个特定 TWR 目标预计所需时间长度。首先，对于静态部分 f，我们建立了等式 [5.08b]：

$$T = \frac{\ln(目标)}{\ln(FGHPR)} \qquad [5.08b]$$

其中 $T =$ 达到一个特定目标的预计持有期数量

目标 = 我们的初始赌注的倍数方面的目标，即一个 TWR

FGHPR = 调整过的几何均值。这是通过等式 [5.07] 得出一个特定静态部分 f 的几何均值。

$\ln(\ )=$ 自然对数函数。

对于一个动态部分 f，我们得出等式 [5.08c]：

$$T = \frac{\ln\left(\left(\dfrac{目标-1}{FRAC}\right)+1\right)}{\ln(几何均值)} \qquad [5.08c]$$

其中 $T =$ 达到一个特定目标的预计持有期数量

目标 = 我们的初始赌注的倍数方面的目标，即一个 TWR

FRAC = 初始活动资本比例。

几何均值 = 最优 f 处的初始几何均值 HPR；它不似等式 [5.08b] 一样进行了调整。

$\ln(\ )=$ 自然对数函数。

因此，为了说明等式［5.08c］的使用情况，假设我们想要确定在活动资本是0.1，且几何均值是1.01933时，将一个账户翻一番（即TWR=2）需要花费多长时间：

$$T = \frac{\ln\left(\left(\frac{目标-1}{FRAC}\right)+1\right)}{\ln(几何均值)}$$

$$= \frac{\ln\left(\left(\frac{2-1}{0.1}\right)+1\right)}{\ln(1.01933)}$$

$$= \frac{\ln\left(\left(\frac{1}{0.1}\right)+1\right)}{\ln(1.01933)}$$

$$= \frac{\ln(10+1)}{\ln(1.01933)}$$

$$= \frac{\ln(11)}{\ln(1.01933)}$$

$$= \frac{2.397895273}{0.01914554872}$$

$$= 125.2455758$$

因此，如果我们的几何均值是脱离有着每日持有期基础的方案而计算出的，我们就可以预计翻一番大约需要$125^{1/4}$天。如果我们的方案用每月作为持有期长度，那么我们就要预计$125^{1/4}$个月来翻一番了。

只要你处理的T值足够大，使等式［5.08c］大于等式［5.08b］，那么你就会从动态部分 f 交易中获益。同样，这也可以表示为等式［5.09］：

$$FGHPR^T <= 几何均值^T * FRAC + 1 - FRAC \quad [5.09]$$

因此，你必须迭代那个T值，它的等式右侧大于左侧——也就是说，在T值处，你应该在再分配前等待，否则，你就最好是交易相对应的静态

部分 f。

图 5-1 通过图表形式对此进行了说明。这个箭头就是使等式 [5.09] 左侧等于右侧的那个 T 值。

因此，如果我们使用 20% 的活动资本，即 FRAC = 0.2，那么 FGHPR 必须在 $0.2f$ 的基础上计算出来。因而，如果我们完全最优 f 的几何均值是 1.01933，而 $0.2f$（FGHPR）是 1.005，那么我们希望得出一个满足以下条件的 T 值：

$$1.005^T <= 1.01933^T * 0.2 + 1 - 0.2$$

我们计算出最优 f 的几何均值后，从而计算出每日基础上的部分 f（FGHPR）的几何均值，然后我们想要看看四分之一的时间是否足够。因为每四分之一有大约六十三个交易天数，所以我们想看看 T 为 63 的时间是否足够通过动态部分 f 获益。因此，我们在 T 值等于 63 时核对等式 [5.09]：

$$1.005^{63} <= 1.01933^{63} * 0.2 + 1 - 0.2$$
$$1.369184237 <= 3.340663933 * 0.2 + 1 - 0.2$$
$$1.369184237 <= 0.6681327866 + 1 - 0.2$$
$$1.369184237 <= 1.6681327866 - 0.2$$
$$1.369184237 <= 1.4681327866$$

因为等式左侧小于或等于等式右侧，所以这个等式是成立的。因此，我们可以按季度基础，根据通过使用动态部分 f 得出的特定值与收益进行再分配。

图 5-1 表明了在一段时间内，通过静态部分 f 策略的交易与动态部分 f 策略的交易的关系。

这个表格表明在静态与动态基础上交易的初始活动资本都是 20%。而因为它们都以同样单元数的交易开始，那么那个同样的单元数就表示为一个直接交易的连续合约。本图表使用的完整 f 处的几何均值 HPR 是 1.01933；因此，0.2 静态部分 f 的几何均值是 1.005，而完整 f 的运算均值 HPR 是 1.0265。

这一切就引出了一些重点，**即部分值越低，几何均值越大，动态部分 f 超越静态部分 f 的速度就会更快**。也就是说，使用 0.1 比例的初始活动资本（动态和静态都是）意味着动态超越静态的速度将会比你两种都使用 0.5 的速度更快。因而，一般来说，初始活动资本部分更低，动态部分 f 超越相应的静态 f 的速度就会更快。换句话说，初始活动资本为 0.1 的投资组合超越其静态相应物的速度将会比初始活动资本分配为 0.2 的投资组合更快。在初始活动资本分配为 100% 时，动态绝对不会超越静态部分 f（反而它们以同样的速度增长）。在动态部分 f 超越其静态相应物时，会对速度有所影响的是投资组合本身的几何均值。几何均值越高，动态值就能更快地超越其静态相应物。在几何均值为 1.0 时，动态值绝对不会超越其静态相应物。

经过的时间越长，静态部分 f 与动态部分 f 策略之间的差异就越大。渐进地，动态部分 f 策略多于其静态相应物的财富达到无限大。

接下来是一个关于图 5-1 的重点。表示连续合约的直线会在它们相交前与另外两条直线相交。

从长远来看，通过动态部分 f 来进行资产配置，你会获得更多收益。也就是说，你确定一个初始程度———一个比例——来分配为活动资产。剩余资产就是闲置资产。每日的资产变化仅反映在活动部分。闲置数额保持不变。因此，你每天要从总账户资产中减去恒定的闲置数额。得出的这个差额就是活动资产部分，而且基于这个活动资产部分，你将推算出你要基于最优 f 水平交易的数额。

现在，当已经计算出这个位置的保证金要求时，它就不会与你的活动

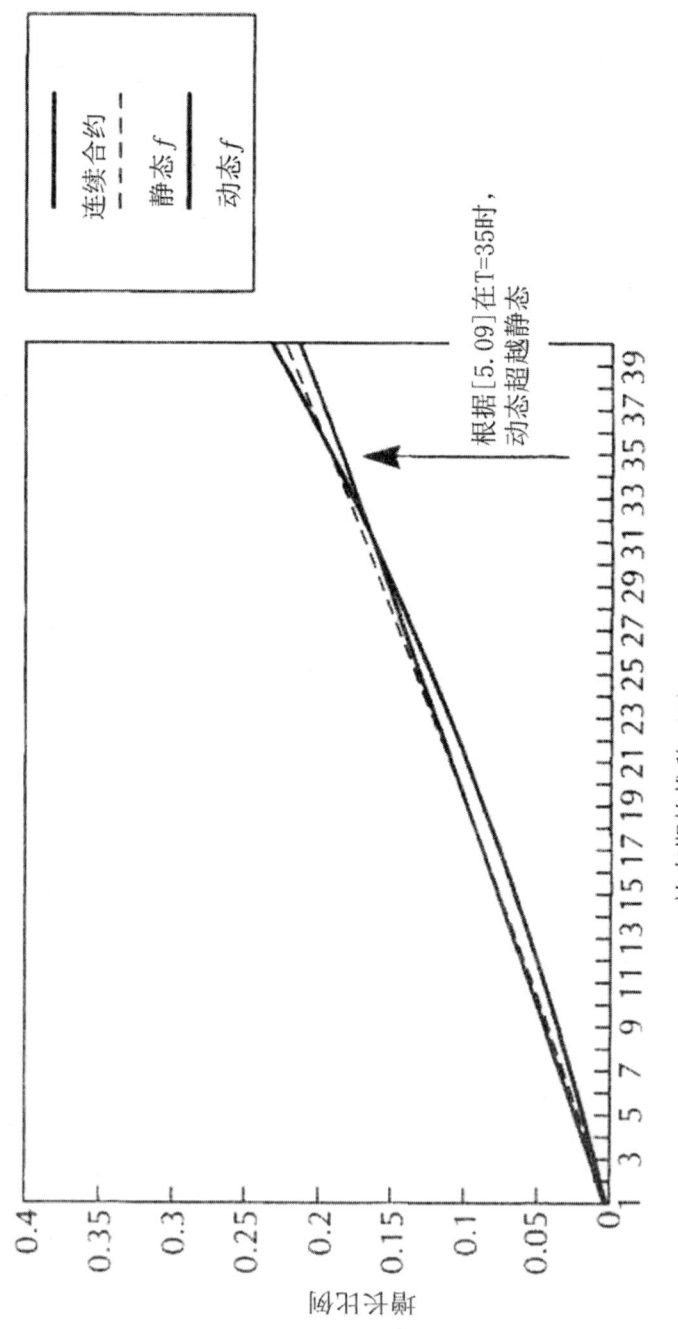

图5-1 连续合约、静态及动态 f 每个阶段的增长比例。

资产完全一样。它可以是更多，也可以是更少，这都不重要。因此，除非你的保证金要求是账户资产的100%，否则你在任何既定持有期内都将会有一些闲置现金在账户中。因此，你几乎会无意识地将某些东西分配为现金（或现金等值物）。那么你就可以了解到现金或现金等值物都不需要方案图谱，因为它们已经在你进行活动与闲置资产分割时得到了合适的分配。

再分配

注意在图5-1中，通过动态部分f交易，最终你的活动资产部分将会减去闲置部分，且你将面临太过冒进的投资组合——与开始想要以完全最优f数额交易投资组合时是一样的情形。因此，在未来的某个时刻，你会想要返回去重新分配某种程度的初始活动资产。

例如，你首先以一个$100 000的账户中的10%初始活动资产开始。于是，你有$10 000活动资产——你全部用于在最优$f$水平处交易的资产。每天，你将从账户资本中减去$90 000。得到的差额就是活动资产，而且你要基于这个活动资产在完全最优f水平处进行交易。

现在，假设这个账户上涨至一百万美元的资本。因而，减去恒定闲置数额$90 000，你就得出$910 000的活动资本，这意味着你现在的活动资本比例是91%。因此，在你稀释f并开始以10%初始活动资本交易时，你就会遇到你最初试图避免的那些巨大的下跌。

设想在每一场交易或每一天后进行再分配的情况。这种情况下用的是静态部分f交易。再次回想一下等式[5.08a]，即达到一个特定目标所需的时间。

我们回到在活动资本部分为 0.2 且几何均值为 1.01933 时交易的系统中。我们将把它与在静态部分 0.2f 处交易进行比较，后者的结果几何均值是 1.005。现在，如果我们以一个 $100 000 的账户开始，且我们希望在账户总额达到 $110 000 时进行再分配，那么静态部分 0.2f 所需的天数（因为我们这里的几何均值是以每天为基础的）是：

$$\frac{\ln(1.1)}{\ln(1.005)} = 19.10956$$

这就像使用总资本 $100 000 中的完全 f 数额 $20 000，试图使账户总额增长到 $110 000。这可以表示为 1.5 乘以 $20 000 的目标：

$$\frac{\ln(1.5)}{\ln(1.01933)} = 21.17807$$

在设定的目标值更低时，静态部分 f 策略比其相应的动态部分 f 对应物增长得会更快。随着时间推移，动态会超越静态值，直到最终动态值无限地增长下去。图 5-1 以图表形式表明了静态部分 f 与动态部分 f 之间的关系。

如果你太频繁地进行再分配，那么你就只是搬起石头砸自己的脚，因为这种方法将会不如其静态部分 f 对应物好。因此，既然从长远来看，使用动态部分 f 法来进行资产配置能让你获益更多，所以尽量少地再分配活动与闲置子账户同样也能让你获益更多。理想情况下，你将会仅在计划开始时进行一次活动与闲置资产分配。

太频繁地进行再分配是不利的。最理想的做法是永远不进行再分配。在理想情况下，你将使你所使用的最优 f 部分随着你的账户资本的增长逐渐接近 1。然而事实上，你最可能做的是在某个时间点进行再分配。但愿你将不会因太频繁地进行再分配而产生问题。

第 5 章 投资经理的资金管理

再分配似乎与我们所希望做的事情完全相反，因为再分配在资本迅速增长之后会减弱，或者是在一段时间后，资本逐渐亏损后，增加更多资本到活动资本部分。

再分配是一种折衷方案。它是思想理论与实际实现之间的一种折衷方案。我们所说的方法可以让我们充分利用这种折衷方案。最理想的做法是永远不进行再分配。

你的小型账户有 10 000 美元，当它增长到一千万美元时，就绝对不会进行再分配。理论上说，在你的账户暴涨至 2000 万美元前，你的账户从 1000 万美元下跌至 5 万美元时，你都会继续忍耐，而不会行动。理论上说，如果你的活动资本亏损到仅剩一美元，你仍然可以交易一个部分合约（一个微型合约）。在理想状态下，这一切都是可能发生的。在现实生活中，你将会在上涨或下跌的某个时间进行再分配。如果你将会这样做，你也有可能以一种系统、有利的方式来做。

在再分配时——折衷——你将事情重置为在你重新开始这个计划时的一种状态，只是资本水平不同。那么，你通过使用再分配之中的动态部分 f，让交易结果决定部分 f 的变化。即使在你仅以 5% 的活动资本分配开始的时候，情况都可能会以极快的速度得到好转。记住，你使用的是这 5% 资本的完全最优 f，且如果你的计划确实比较顺利，那么你将在短期内交易相对于账户总资本的大量数额。

在《资金管理数学》一书中，我详细介绍了进行再分配的四种方法，这些方法可能对交易者来说是有益的。在此就不重述。而有一些稍微重要的内容需要说明一下，它与再分配有关，而与方法无关。

在目前情况下，关于再分配方面要了解的第一件事，或许也是最重要的事可以从图 5-1 中看出。注意图中的箭头被视为在等式［5.09］中相等的 T。这个时间 T 是至关重要的。如果你在 T 之前进行再分配，那么你交易的就是动态部分 f，而不是静态部分 f，这样做你就会使自己遭受损失。

第二件需要了解的关于再分配的重要事情是，你对于资本回撤比例方面的最大亏损有所控制。注意你交易的是一个账户的活动资本部分，就如同它就是那个规模的一个账户，全部都以最优水平交易。既然你应该在以完全最优 f 水平交易时，预计到有近 100% 的资本回撤，那么你就应该预想到 100% 的活动资本部分在任一次全部亏损。

此外，许多在过去几年间一直使用部分动态 f 法的交易者认为它是一种十分好的经验法则：**将你的初始活动资本设定为你所能承担的最大亏损的一半**。因此，如果你能够承担 20% 的亏损，那么你就应该将你的初始活动资本设定为 10%（然而，如果这个账户是可获益的，且你的活动资本开始超过 20%，那么你很可能会遭受超过 10% 的亏损）。

还有一种更准确的方法来实现这个理念。注意对于投资组合来说，在确定活动部分时，你必须使用所有 f 的总和。也就是说，你必须将这些组件的 f 值全部相加。这很重要，是因为假设你有一个包括三个组件的投资组合，通过第四章中详细说明的方法，得出这三个组件的 f 值分别为 0.5、0.7 及 0.69。这些值的总和是 1.89。这也就是你在投资组合中整体使用的 f 值。现在，如果这些组件中的每一个都出现了最坏方案结果，那么这个账户的活动资本将会有 189% 的亏损！在处理投资组合时，你应该注意要始终对于这样一种情况保持警惕，并在确定初始活动资本分配时记住这点。

关于再分配的第三个重要理念涉及到投资组合保险理念及其与最优 f 的关系。

投资组合保险与最优 f

假定你目前正在管理一个股票基金。图 5-2 表示出了一种典型的投资组合保险策略，也称为动态套期保值。这个事例的基础就是当前投资组合值为 100（美元/每股）。通常的投资组合会遵循一对一的股权市场，这由实线表示。保险投资组合通过虚线表示。你将注意到当投资组合处于其初始值（100）或大于这个值时，虚线在实线下方。这个差异表示的是实行投资组合保险的费用。否则，在投资组合价值下跌时，投资组合保险就会提供一个在期望水平处投资组合价值的最低值（在这个例子中，即目前价值 100），减去实施这个策略的费用。

简要来说，投资组合保险类似于买一份投资组合的看跌期权。我们假设你正在管理的基金仅包含一份股票，其当前价格为 100 美元。买一份这种股票的看跌期权，行权价格为 100 美元，费用是 10 美元，就是模拟图 5-2 中的虚线。你的一种股票的投资组合及其一份看跌期权可能发生的最坏情况是，你可以运用这个看跌期权，将你的股票以 100 美元的价格出售，而你就损失了看跌期权的价值 10 美元。因此，无论正股下跌多少，这个投资组合可能出现的最坏情况的损失是 90 美元。

从积极方面看，你的保险投资组合会有些损失，因为投资组合价值始终会因看跌期权的费用而降低。

现在，设想一个长期的看涨期权将与长期正股及长期看跌期权有着同样的特征，它们与看涨期权有相同的行权价格及有效期限。当我们说到相同特征时，我们指的是不同正股价值的风险/收益特征方面的地位对等。

因此，图 5-2 中的虚线也可以表示一个仅包含有效期内的 100 美元的长期看涨期权的投资组合。

这就是动态套期保值是如何有效提供投资组合保险的。假设你要买 100 股这一种股票作为你的基金，每股的价格是 100 美元。现在，你将通过使用这份正股来模拟看涨期权。你将通过为这份股票确定一个初始最低值这种方式来进行。比方说你选择的最低值是 100。你还要确定你将创建的这个假设性期权的有效期限。我们就假设你选择的有效期限是这个季度结束时。

接下来你要计算出在选定有限期限内的 100 股看涨期权的差量（与基础工具的价格变化相关的一份看涨期权的即时价格变化率）。假设这个差量是 0.5。这意味着你应该投入 50% 到这个特定股票。因此，你将只有 50 股股票，而不是 100 股，如果你没有实施投资组合保险就会有 100 股。当股票价值增长时，差量也会是这样，同样你持有的股票数也是一样。差量的最大限度是 1，也就是你将会 100% 投入。在我们的例子中，你会有 100 股。

当股票价值下跌时，差量也会是一样，股票下跌的位置规模也会是一样的。差量的最低限度是 0，这时你的股票就没有任何仓位。

在操作上，股票基金经理已经采用了动态套期保值的非侵入性方法。这样一种方法包括不必交易现金投资组合。而投资组合整体通过使用股指期货，有时使用看跌期权，调整到符合当前差量，这个模型中提出了这点。使用期货的方法的一个好处就是期货的交易成本低。

抛售与投资组合相对的短期期货相当于廉价抛售部分投资组合，并将其变现。如果投资组合下跌，就抛售更多期货，而如果它上涨，这些短期期货仓位就涵盖在承保范围内。当它上涨，且这些短期期货仓位涵盖在承保范围内时，投资组合的亏损就是导致投资组合保险费用、重复看跌期权

第 5 章 投资经理的资金管理

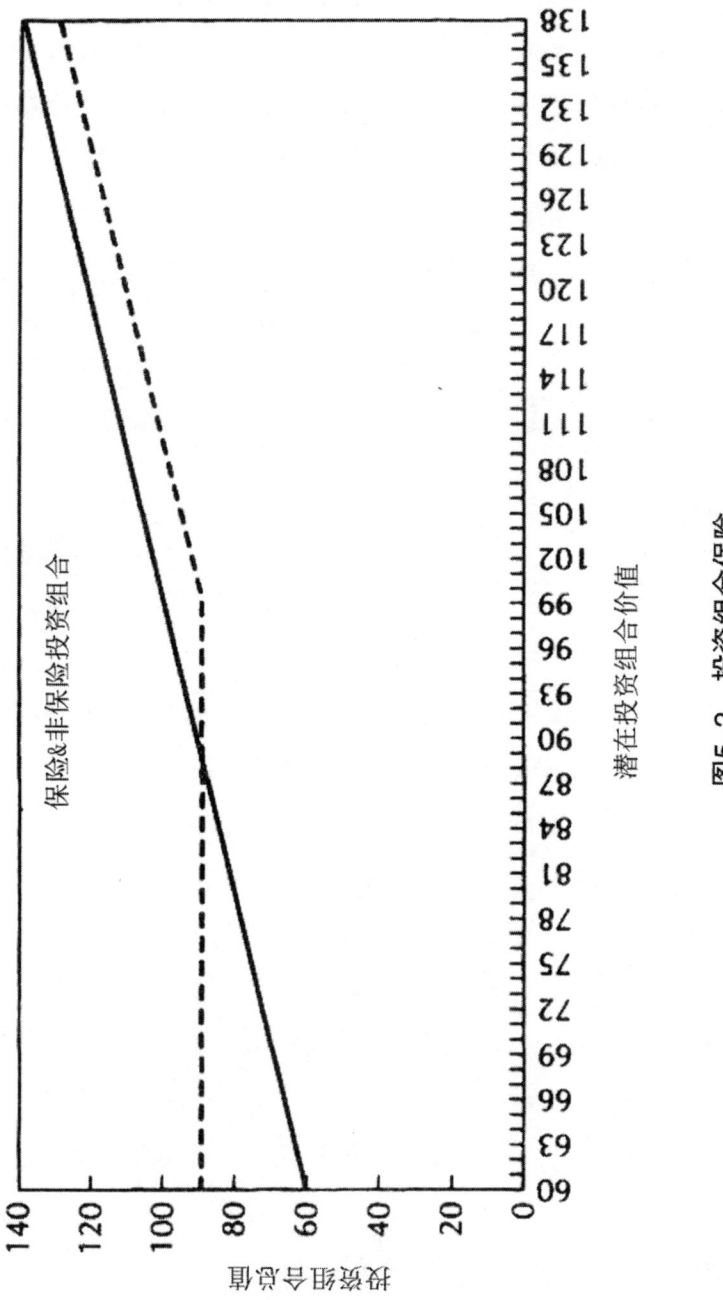

图5-2 投资组合保险

资金管理新论：资产配置的一个新框架

费用。尽管动态套期保值有这样的优势：让我们能够较准确地预估开始时的成本。对于试图实施这样一种策略的经理来说，它能够让投资组合仍然不受影响，而在期货交易中进行合适的资产配置转变。这种使用期货的非侵入性方法允许分离资产配置和活动投资组合管理。

对于某些实施投资组合保险的人来说，你必须持续调整投资组合，以适应适合的差量。这就意味着你必须每天将当前投资组合价值、到有限期满为止的时间、利率水平及其投资组合的波动输入到期权价格模型中，以确定你试图要重复的看跌期权的差量。将这个差量（是 0 到 -1 之间的一个数字）加 1，将得出相应看涨期权的差量。这就是套期保值比率，即你应该投入到基金中的比率。

假设你当前的套期保值比率是 0.46。比方说你正在管理的基金规模相当于五十份 S&P 期货单元。既然你只想要投入 46%，那就意味着你想撤资 54%。五十个单元中的百分之五十四就是二十七个单元。因此，这种情况下，在给定的利率与波动程度下的基金的当前价格水平下，基金应该少于二十七个 S&P 单元，并且长期持仓现金股票。

因为需要在一个不断变化的基础上重新计算这个差量，且必须不断监控投资组合调整，所以这种策略称为动态套期保值策略。

在这个策略中，使用期货的一个困难是期货市场并不完全与现金市场保持一致。此外，你抛售的期货针对的投资组合或许并不完全遵循期货市场交易的现金指数。这些追踪误差可以添加到一个投资组合保险计划的费用中。另外，当重复的期权很接近有效期限，且投资组合价值接近行权价格时，这个重复期权的伽马大幅上涨。伽马就是差量或套期保值比率的即时变化率。换句话说，伽马是差量的差量。如果这个差量变化得很快（即如果重复期权有很高的伽马），投资组合保险就会逐渐变得更加难以实施。有许多种方法可以解决这个问题，其中有一些十分复杂。其中最简单的一个涵盖一个永久期权的理念。例如，你可以一直假设你试图重复的期权会在三个月后过期。每一天，你都将把重复期权的有效期限往前推移一天。而且，这个高伽马往往仅在有效期限将近，且投资组合价值和重复期权的行权价格十分接近时，才会成为一个问题。

最优 f 与投资组合保险之间有一种十分有趣的关系。当你开始持仓，你可以说你投入的是你的基金的那个 f 比率。例如，设想一场赌博游戏，你的最优 f 是 0.5，最大损失是 −1，总投注额是 \$10 000。在这样一种情况下，你将会在你的赌注中的没两美元中投注一美元，因为最大损失 −1 除以负最优 f 值 −0.5，结果是 2。\$10 000 除以 2 等于 \$5 000。因此，你将会在下一局下注 \$5 000，即你的总投注额的 f 比率（50%）。如果我们将我们的总投注额 \$10 000 乘以 f（0.5），我们得到的结果也会达到 \$5 000。因此，我们投注了总投注额的 f 比率。

同样，如果我们的最大损失是 \$250，而其他条件同上，那么我们将会用我们总投注额中的每 \$500 下注一局，因为 −\$250/−0.5 = \$500。将 \$10 000 除以 \$500 意味着我们将进行 20 局。因为我们在任意一局中的最大损失都是 \$250，因而我们所承担的风险是我们赌注的 f 比率，即 50%，也就是要承担 \$5 000（\$250 * 20）的风险。

因此，我们可以说 f 等于我们的基金承担的风险比率，或者是 f 等于套期保值比率。记住，在谈论投资组合时，我们说的是这些组件的 f 值总和。因为 f 仅适用于我们使用活动部分 f 策略的投资组合的活动部分，所以我们可以说投资组合的套期保值比率 H 等于：

$$H = \left(\sum_{i=1}^{n} f_i \right) * \frac{\text{活动 \$}}{\text{总资本}} \qquad [5.10a]$$

其中 H =投资组合的套期保值比率

f_i = 投资组合中第 i 个组件的 f 值

活动 \$ = 一个账户中基金的活动部分

资金管理新论：资产配置的一个新框架

等式［5.10a］给出了以活动部分 f 策略进行的投资组合的套期保值比率。投资组合保险在静态部分 f 策略中也有效，只是活动 $ 除以总资产得出的商等于1，且我们的部分 f 所使用的任何值都要乘以 f （最优 f） 值。因此，在静态部分 f 策略中，套期保值比率是：

$$H = \left(\sum_{i=1}^{n} f_i\right) * \text{FRAC} \qquad [5.10b]$$

我们可以说，在动态部分 f 基础上交易一个账户时，我们就是在实行投资组合保险。在这里，我们提前知道了最低值，它等于初始活动资本加投保费用。然而，将动态部分 f 策略的最低值称为一个账户的初始活动资本通常会更加简便。

我们可以说，等式［5.10a 或 b］等于投资组合保险中所使用的术语看涨期权的差量。此外，我们发现这个变量变化方式大致与看涨期权一样，即亏损巨大且离有限期限还很远。因此，通过使用始终闲置的金额，通过动态部分 f 策略交易一个账户相当于持有一个盈利丰厚且时间过去很久的投资组合的一份看跌期权。同样地，我们也可以说，通过动态部分 f 策略交易与持有投资组合中的一份看涨期权，很长一段时间都不会过期，且损失很多资金。

然而，也有可能可以用投资组合保险作为一种再分配方法，以稍微掌控绩效。这种掌舵也许就类似于试图用划艇桨来驾驶一艘游轮，但这是一种有效的再分配方法。这种方法最初涉及到设定这个计划的参数。首先，你必须确定一个最低值。一旦选定好，你就必须确定你打算使用的特定期权模型的截止日期、波动程度及其他输入参数。这些输入信息将会给出任何特定时间点的期权的差量。一旦确定出了差量，你就可以决定你的活动资本应该是多少。因为这个账户的差量，即等式［5.10a］中的变量 H 必须等于重复看涨期权的差量：

$$H = \left(\sum_{i=1}^{n} f_i\right) * \frac{活动\ \$}{总资本}$$

因此：

$$\frac{H}{\sum_{i=1}^{n} f_i} = \frac{活动\ \$}{总资本} \quad 如果 H < \sum_{i=1}^{n} f_i \quad [5.11]$$

否则

$$H = \frac{活动\ \$}{总资本} = 1$$

因为活动 $ 除以总资产等于活动资本的比例，我们可以说我们总账户资本中的活动资本中应该持有的基金比例等于看涨期权的差量除以各组件 f 值的总和。然而，你要注意如果 H 大于这些 f 值总和，那么这表明你应该分配超过 100% 的账户资本作为活动资本。因为这是不可能的，所以可用作活动资本的账户资本的上限是 100%。

投资组合保险理论上是很好，但在实际操作中不太好。1987 年发生的股市崩盘表明，投资组合保险的问题在于，如果价格发生突降，那么在任何价格上都不会有任何资产折现力。但这对我们并没有影响，因为我们正在探寻活动资本与闲置资本之间的关系以及这是如何在数学意义上与投资组合保险类似的。

如前所述，将实行投资组合保险作为一种再分配方法的问题在于再分配一直在不断地发生。这减弱了这个事实：一个动态部分 f 策略将渐进地超越静态部分 f 策略。因此，试图以将投资组合保险作为一种动态部分 f 再分配策略的方式来掌控绩效大概不是一个好主意。然而，任何时候你使用部分 f，无论是静态还是动态，你都是在采用一种投资组合保险形式。

活动资本上限与利润限制

如果我们在没有相关理论背景的情况下，采用任何这样的固定部分交易方法，并将其应用到实际中。《资金管理数学》表明在任何时候将一个额外市场体系添加到一个投资组合中，只要在这个投资组合中的那个市场体系与另一个市场体系的每日股本变化的线性相关系数小于+1，那么这个投资组合就是有改进的。也就是说，每日的 HPR 的几何均值增长了。因此，你会想要在一个投资组合中有尽可能多的市场体系，也就是合乎道理的。自然，在某个时候，利润方面的考虑就成为一个问题了。

即使你仅交易一个市场体系，利润方面的考虑往往也可能是个问题。考虑到资金的最优 f 通常都小于一个特定市场的初始保证金要求。然后，基于你目前所使用的部分 f，以及你是使用静态部分 f 策略还是动态部分 f 策略，如果这个部分值太高，那么你将会遇到追加保证金的要求。

当你交易多个市场体系中的投资组合时，追加保证金问题就更可能会发生。

我们所需要做的是找到一种调解方法，以在投资组合中的各组件的保证金要求范围之内创建一个最优投资组合。这很容易能够找到。实现方法就是找出你可以用作一个上限的部分 f。这个上限 L 可以通过等式 [5.12] 得出：

$$L = \frac{\mathop{MAX}\limits_{i=1}^{n}(f_i \$)}{\sum_{k=1}^{n}((\mathop{MAX}\limits_{i=1}^{n}(f_i \$)/f_k \$) * \text{margin}_k)} \qquad [5.12]$$

其中 L=最大部分 f。在这个特定的部分 f 处，你尽可能积极地交易最优投资组合，而并不产生一个初始保证金。

$f_k\$$ = 第 k 个市场体系的最优 f 资金

$\text{margin}_k\$$ = 第 k 个市场体系的初始保证金要求

n = 投资组合中市场体系的总数

等式 [5.12] 确实比看上去要简单得多。首先，在分子与分母中，我们发现 $\underset{i=1}{\overset{n}{MAX}}$ 这个符号，只是表示取投资组合中所有组件中的最大 $f\$$。

我们设想一个包含两个组件的投资组合，我们称之为图谱 A 和图谱 B。我们可以安排好必要信息，以确定下表中所示的活动资本的上限：

组件	$f\$$	利润	最大 $f\$/f\$$
图谱 A	$2 500	$11 000	2500/2500=1
图谱 B	$1 500	$2 000	2500/1500=1.67

现在我们可以将这些值代入到等式 [5.12] 中。注意 $\underset{i=1}{\overset{n}{MAX}}$ 是 $2 500，因为唯一的另外一个 $f\$$ 是 $1 500，这个值更低。因此：

$$L = \frac{2500}{1*11000+1.67*2000} = \frac{2500}{11000+3340} = \frac{2500}{14\,340} = 17.43375174\%$$

这让我们得出我们的最大正面比例。

现在，假设我们有一个 $100 000 的账户，如果我们的活动资本是 17.434%，那么我们的活动资本将会有 $17 434。因此，假设我们现在可以以部分单元交易，那么我们就会购买 6.9736（17 434/2 500）的图谱 A，以及 11.623（17 434/1 500）的图谱 B。那么它的保证金要求将会是：

$$6.9726 * 11\,000 = 76\,698.60$$

$$11.623 * 2\,000 = \underline{23\,246}$$

总保证金要求= $99 943.93

然而，如果我们依然采用静态部分 f 策略（尽管笔者不赞同），那么你应该设定的那个部分值最高应为 17.434%。这将与前面一样会产生同样的追加保证金。

注意采用等式 [5.12] 会产生最高部分 f，并不产生一个初始保证金，使得不同市场体系相互之间有着同样的比率。

《资金管理数学》中的第二章说明了这一事实：对于投资组合整体来说，如果增加的市场体系（方案图谱）越来越多，那么就会导致几何均值越来越高。然而，在那个市场体系中存在折衷，对于几何均值的利益略微更少，但由于同时而非连续结果产生的效率损失方面的损害略微较多。因此，我们可以了解到你不会想要交易无限大量的方案图谱。而且理论最优的投资组合会遇到实际应用中的利润限制问题。换句话说，根据等式 [5.12]，通常在完全最优 f 水平处交易三个方案图谱比在显著下降水平处交易 10 个方案图谱结果会更好。通常，你会发现你要交易的方案图谱的最佳数量只不过是很少量，尤其在你要下许多订单且发生误差的可能性很大时。

股票交易

本书所述的这些方法不仅仅适用于期货交易者，也适用于任何市场中的交易者。即使是一些交易仅包含蓝筹股的投资组合的人也不会免受本书论述的原则及结果影响。我们已经知道这样一个只有蓝筹股的投资组合有一个最优杠杆水平（包含双层意义），其资本潜在盈利与潜在损失比率被最大化。在这样一种水平，预计跌落同样也较为严峻，因此，这个投资组合应该被稀释，且最好采用动态部分 f 策略。

在处理股票时，保证金要求可以是应付保证金（如果是在保证金账户中进行），或者是股票的实际价格（如果是在现金账户中进行）。也就是说，如果一种股票是每股40美元，那么在一个现金账户中100股的保证金费用就是 $4 000。

f 的转变及构建一个稳健的投资组合

本文中之前已经提到过 $n+1$ 维格局图的多态性，也就是说这个格局图是呈波浪形的，且格局图的峰值会随着市场及我们用以交易的方法的改变而相应地移动。这个 f 的转变无疑对于所有交易者来说都是一个问题。通常，如果 f 的转变在许多坐标轴都接近 0——也就是说，当方案图谱减弱时——它可以导致本来在一个恒定单元基础上会成为的一种盈利方案变成一种失败的计划，这是因为交易者在 f 曲线的峰值之外（峰值右侧）一定程度，而导致其处于一个不利地位。

f 的转变存在于所有市场及方法中。它频繁出现在一个最优投资组合构建时期中许多方案图谱都进行分配的时候，于是在这个时期接下来没有分配。这向我们表明，示例中的绩效趋向于大大减弱，反之亦然。然后在已经确定好一个最优投资组合的时候表现为较差的候选者的市场在紧接着下一时期会变得强大，这是因为这些方案并不符合标准。

在构建方案及方案组时，你应该尤其注意这个特征：进展良好的市场趋向于在下一阶段运作不佳，而反之亦然。在构建你的方案及方案图谱时记住这点将有利于你形成更加稳健的投资组合，并有助于缓解 f 的转变。

通过再分配调整一个交易计划

通常,资金管理者可能会选择与静态相对的动态 f,即使在持有期的数量小于等式 [5.09] 中指定的数,这只是因为动态方法有利于更好地实行投资组合保险。

在这样的情况下,资金管理者在满足等式 [5.09] 前不进行再分配是很重要的——也就是说,直到经过了足够的持有期,动态方法才能开始超越静态相应方法。

在这些情况中,调整交易计划以适应资金管理者的目标的实际关键是通过在上方进行再分配。也就是说,在活动资本的某些上方的点处,你应该进行再分配,以达到一个特定的目标,而那个点超出某个最低时间点(即经过的持有期数量)。

我们再回到图 5-1,等式 [5.09] 给出 T,或静态 f 线与动态 f 线在横坐标的相交处。那就是我们可以从以动态 f 交易而不是静态 f 获得更多收益的那个关于经过的持有期数量的点。然而,一旦我们从等式 [5.09] 中得出 T,我们就可以计算出这些点相交的 Y 轴,或者是说纵轴:

$$Y = FRAC * 几何均值^T - FRAC \qquad [5.13]$$

其中 T= 等式 [5.09] 中得出的变量 T

FRAC= 账户中基金的初始活动部分

几何均值= 初始几何均值 HPR;没有如同等式 [5.08b] 中一样进行调整

例如:

初始活动资本比率= 5%(即 0.05)

每周期的几何 HPR = 1.004171

T = 316

我们知道根据等式 [5.09]，在 316 个周期中，平均说来，对于同样的 f 值，动态方法将开始超越相应的静态 f。我们也可以说，以一个 5% 的初始活动资本开始，当这个账户上涨 13.63%（$0.05 * 1.004171^{316} - 0.05$）时，对于同样的 f 值，动态方法将开始超越相应的静态 f。

所以我们可以看到存在一个为使得动态部分 f 超越其静态相应物必须经过的持有期的最小数量（在这些持有期过去之前，如果实行动态部分 f 进行再分配就是不利的，而在这些持有期过去之后，如果实行静态部分 f 进行再分配就是不利的），它也可以从横坐标点转化为纵坐标点。也就是说，可以使用一个最小利润目标，而不是最少持有期数量。

在资本等于或大于这个活动资本目标时进行再分配通常会导致资本曲线图比基于横坐标 T 进行再分配时的曲线更加平稳。也就是说，大部分资金管理者会发现依据上方增长而不是依据经过的持有期来进行再分配会更有利。

这里最有意思的一点就是，在一个特定初始活动资本程度下，无论你使用的几何均值 HPR 或 T 值是多少，上涨目标始终会保持不变！因此，在 5% 的初始活动资本水平时，动态方法始终会在账户获得 13.63% 利润时超越静态方法！

因为我们有一个最优上涨目标，所以我们可以说上方的投资组合也有一个最优差量。所以最优上涨差量的公式是什么呢？这可以从等式 [5.10a 与 b] 中得出，其中 FRAC 等于活动资本部分，这满足等式 [5.13]。这可以表示为：

$$FRAC = \frac{(初始活动资本+上涨目标)}{(1+上涨目标)} \qquad [5.14]$$

因此，如果我们以 5% 的初始活动资本开始，那么 13.63% 就是那个上涨点，在这个点，预计动态方法将超越静态，我们将会通过以下式子得出等式 [5.10a 与 b] 中的 FRAC，以确定等式 [5.13] 所示的上涨点 Y 的套期保值比率：

$$FRAC = \frac{(0.05+0.1363)}{(1+0.1363)}$$

$$= \frac{0.1863}{1.1363}$$

$$= 0.1639531814$$

因此，如果我们的账户上涨 13.63%，且我们的初始活动资本最初是 5%，那么我们就能了解到活动资本就是 1639531814%。

梯度交易与持续优势度

通过本书及其前两本书的介绍，我们已经了解到，以一个特定市场体系或方案图谱的最优 f（或多种同步方案图谱或市场体系的最优 f 组合）进行交易将会产生最大渐进增长率，也就是说，从长远来看，我们交易的持有期数量会变得越来越多。然而，我们第二章中认识到，如果我们的持有期数量是有限的，且我们知道我们将要交易多少持有期数，那么真正最优值甚至比最优 f 值更加有利；也就是说，那些 f 值使预计平均符合增长率（EACG）达到最大值。

第 5 章 投资经理的资金管理

归根结底，我们每个人都只能交易有限数量的持有期——我们没有人将会获得永生。然而，在极少数情况下，我们并不知道持有期数量的确切长度，所以我们使用渐进极限作为下一个最佳近似值。

然而现在你将了解到有一种方法，可以用于这种情况中：你要以渐进极限（即最优 f 值交易的持有期数量未知但有限时。如果你交易任何类型的稀释 f（静态或动态），这就不仅将考虑到渐进优势度，也会顾及到未来任何特定的持有期。

也就是说，我们现在将提出一种稀释 f 的新方法（几乎所有资金管理者都必须使用，以满足客户回撤方面的现实需求），这种方法不仅能够确保一个账户将会长久拥有最高资本，也会确保它在任何时间点都将会有最高资本，无论是在不久还是长远的将来！人们不再需要遵循最优 f（或者广义地说，这个新框架），并使自己接受这个理念：它最终将会是占优势地位。反而，我们即将说明的方法寻求的是所有时间点的优势度！

这是一个巨大的飞跃。因为几乎所有人都会稀释他们的最优 f 值——出于无知，有意或者无意地这样做——这些方法总是会最大化一个稀释 f 值的账户的盈利率，不仅仅是像很长时间里的几何均值最大化中的通常情况一样。

此外，我们必须将我们的注意力转移到增长函数及比率上。在图 5-3 中，增长（增长函数）表示为我们的初始赌注的百分率。然后在图 5-4 中，增长率表示为我们的赌注的百分率。

资金管理新论：资产配置的一个新框架

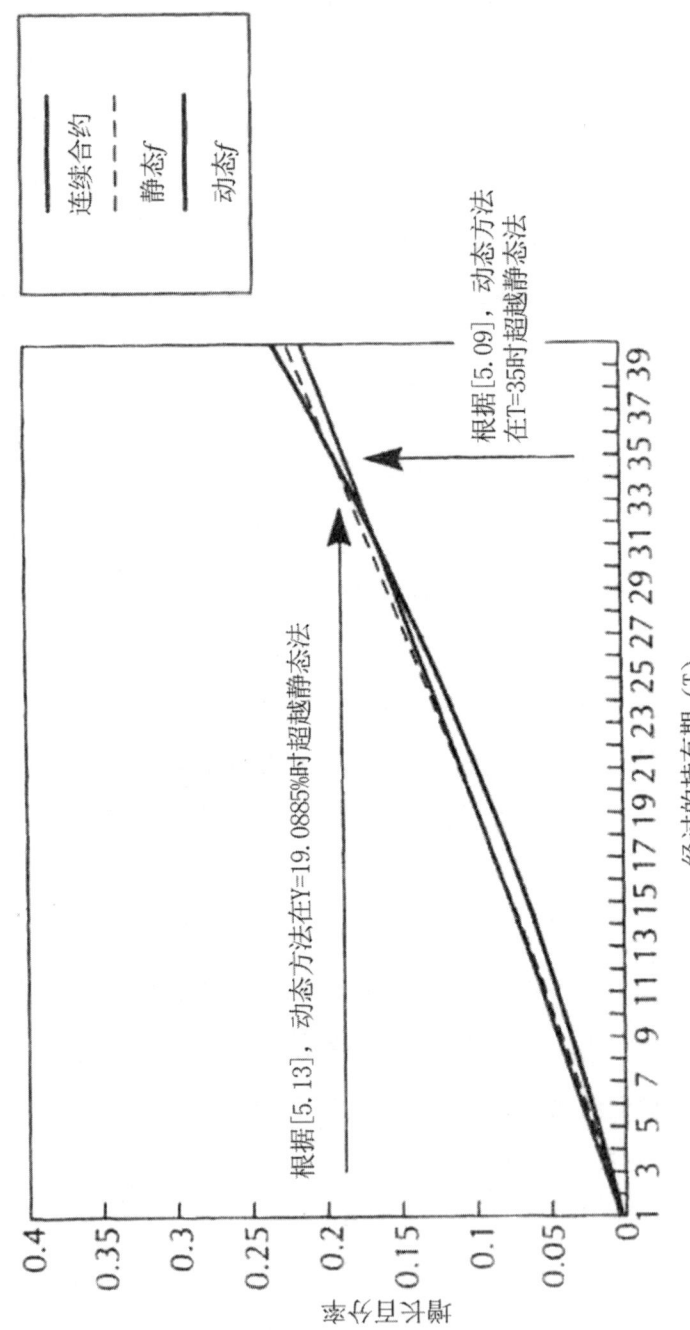

图5-3 一种方法超越另一种的点可以看做与时间或收益有关

第 5 章 投资经理的资金管理

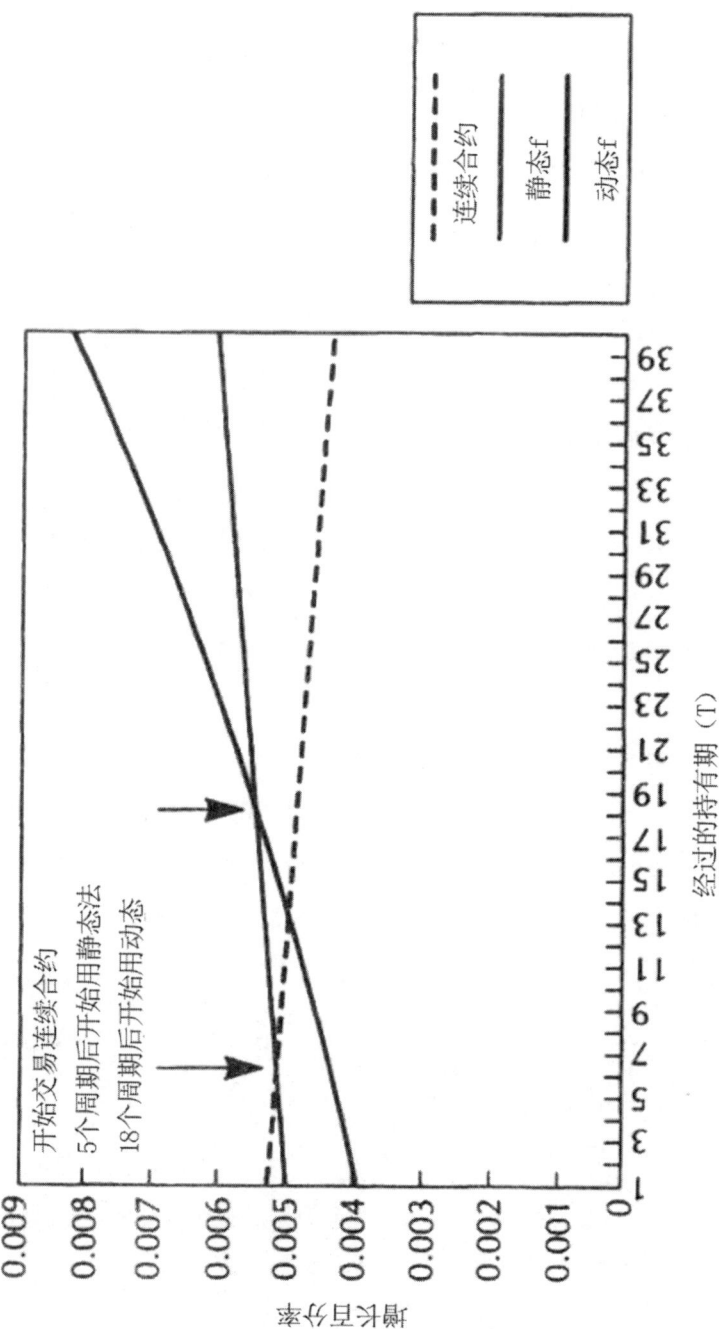

图5-4 作为赌注的一个百分数的增长率

另外，在这些图表中，以静态及动态方式交易的初始活动资本都是 20%。由于它们都是以交易同样单元数量开始，所以那一个相同的单元数在进行直通式交易时表示为一个连续合约。此表格中使用的几何均值 HPR （完全 f 处）是 1.01933；因此，0.2 静态部分 f 处的几何均值是 1.005，且完全 f 处的运算均值 HPR 是 1.0265。

注意通过始终以当前梯度最高的方法进行交易，我们就能确定这个账户在任何时候都拥有最多资本的概率。因此，我们在有这个数量的单元的连续合约基础上开始交易，如果我们交易一个部分 f，那么我们最初交易的就是我们所确定的那个数目。

其次，静态 f 梯度在我们转而交易静态 f 的时候（或资产上部）占优势地位。最后，动态 f 梯度在我们转向以动态 f 方式交易的时候占优势地位。注意通过始终以当前梯度最高的方法进行交易意味着你将处于图 5-3 中的三条线的最高的一条上面。

那么连续合约方法的增长函数 Y 就表示为：①

$$Y = 1 + (AHPR - 1) * FRAC * T \qquad [5.15]$$

这个增长函数来自于等式 [5.09]。因此，静态 f 增长函数是等式 [5.09] 的左侧式子，而动态 f 是右侧式子。因而，静态 f 的增长函数是：

$$Y = FGHPR^T \qquad [5.16]$$

---

① 正如等式 [5.09] 中得出的动态法在横轴超越静态时的那个点，我们也能通过等式 [5.15] 与 [5.16] 确定静态法超越一个连续合约的位置，以及等式 [5.16] 等于等式 [5.15] 时的 T 值：

$$1 + (AHPR - 1) * FRAC * T => FGHPR^T$$

同样，这也可以表示在 Y 坐标轴上，我们就能得出在账户总资本的盈利率为多少时，我们应该从一个连续合约转换成静态 f 交易：

$$Y = FGHPR^T - 1$$

在上述等式中使用的 T 值是来源于它上面的等式。

第5章 投资经理的资金管理

而动态 f 的增长函数则是：

$$Y = 几何均值^T * FRAC + 1 - FRAC \qquad [5.17]$$

从等式 [5.15-17] 中，我们可以得出表示为经过一段特定持有期数量 T 后我们初始赌注的倍数的增长函数。因此，将等式 [5.15-17] 减去 1，我们可以得出图 5-3 所示的增长百分率。

图 5-4 所示的梯度简单地表示为等式 [5.15-17] 中与 T 相关的 Y 的一阶导数。因此，通过以下式子可以得出梯度。

对于连续合约交易：

$$\frac{dY}{dT} = \frac{((AHPR-1) * FRAC)}{(1+AHPR-1) * FRAC * T} \qquad [5.18]$$

对于静态部分 f：

$$\frac{dY}{dT} = FGHPR^T * \ln(FGHPR) \qquad [5.19]$$

最后，对于动态部分 f：

$$\frac{dY}{dT} = 几何均值^T * \ln(几何均值) * FRAC \qquad [5.20]$$

其中 T = 持有期数

FRAC = 初始活动资本比率

几何均值 = 最优 f 处的初始几何均值 HPR

AHPR = 完全最优 f 处的运算均值 HPR

FGHPR = 等式 [5.07] 得出的部分 f 几何均值 HPR

ln( ) = 自然对数函数

以下是实现这些等式的方法，尤其是在你的方案（方案图谱）及联合概率在不同持有期之间变化时。

我们在前面说过，在每一个持有期之前，我们必须确定好最优分配。在进行最优分配时，我们通过获取所有必要信息，来得出以上变量（FRAC、几何均值、AHPR 及其等式 [5.07] 中为得出 FGHPR 所用的数据）的值。接下来，我们将这些值代入到等式［5.18］、［5.19］及［5.20］中。无论这三个等式中哪一个会产生最大值，它都是我们要采用的方法。

为了举例说明，我们现在回到我们熟悉的二对一抛硬币赛局。假设这是我们唯一一组方案，包含正面朝上与反面朝上两种方案。此外，假设我们将要在 0.2 部分交易（即五分之一最优 f）。因此，FRAC 等于 0.2，几何均值等于 1.06066，AHPR 等于 1.125。我们已经得出 FRAC 及 AHPR，以便计算等式［5.07］中的 FGHPR；我们仅需要 HPR 之间的标准偏差 SD，它等于 0.375。那么，FGHPR 等于

$$1.022252415 = (\sqrt{((1.125-1)*0.2+1)^2 - (0.375*0.2)^2})$$

将这些值代入到这三个梯度函数等式［5.18-20］中，我们就能得出下列表格：

T	等式［5.18］ 连续合约	等式［5.19］ 静态 f	等式［5.20］ 动态 f
1	0.024390244	0.022498184	0.012492741
2	0.023809524	0.022998823	0.013250551
3	0.023255814	0.023510602	0.014054329
4	0.022727273	0.02403377	0.014906865
5	0.022222222	0.024568579	0.015811115
6	0.02173913	0.025115289	0.016770217
7	0.021276596	0.025674165	0.017787499
8	0.020833333	0.026245477	0.018866489
9	0.020408163	0.026829503	0.02001093
10	0.02	0.027426524	0.021224793
11	0.019607843	0.02803683	0.022512289
12	0.019230769	0.028660717	0.023877884

13	0.018867925	0.029298488	0.025326317
14	0.018518519	0.02995045	0.026862611
15	0.018181818	0.030616919	0.028492097
16	0.017857143	0.03129822	0.030220427
17	0.01754386	0.031994681	0.032053599
18	0.017241379	0.03270664	0.03399797
19	0.016949153	0.033434441	0.360600287
20	0.016666667	0.034178439	0.038247704

我们发现通过以连续合约方式交易,我们在前两个持有期的梯度都是最大值,而在第三个持有期,我们应该转换成静态 f。在第十七个持有期,我们应该转换成动态 f。如果我们将会这样做,那么图 5-5 将表明我们在前二十局或持有期中平均比仅仅以动态部分 f 策略交易会有多大的改善:

注意在每一个时期,一个账户以这种方式交易甚至比用动态部分 f 法交易还要有更高的期望值。此外,在第十七个持有期之后,我们从静态法转换到动态法,两条直线的倾斜度永远相同。也就是说,动态直线永远不能与持续优势度直线相交。因此,永远以最高梯度交易来达到持续优势度法则有利于资金管理者使一个账户在未来的任何时候都达到最大值,而不仅是在渐进层面上。

为了进一步通过这个例子来进行说明,假设我们进行这个二对一抛硬币赛局,且我们以一个 200 美元的账户开始。我们的最优 f 是 0.25,0.2f 是五分之一最优 f,0.2f 意味着我们在 f 值为 0.05 时交易,或者是用我们赌注的每二十美元下注一美元。因此,我们在第一局下注十美元。而因为我们交易的是连续合约,所以无论其后我们的账户资本有多少,我们都在随后的每一局下注十美元,直到我们转换到静态 f。而我们在第三局转换为静态 f,所以,我们在第三局根据我们的赌注数额来投注,用我们资本中的每二十美元下注一美元。我们继续这样下注,直到第十六局,在第十七局开始时,我们将会转换到动态法。所以从第三局到十六局,我们在开始每一局时,都将我们的总资本除以 20

资金管理新论：资产配置的一个新框架

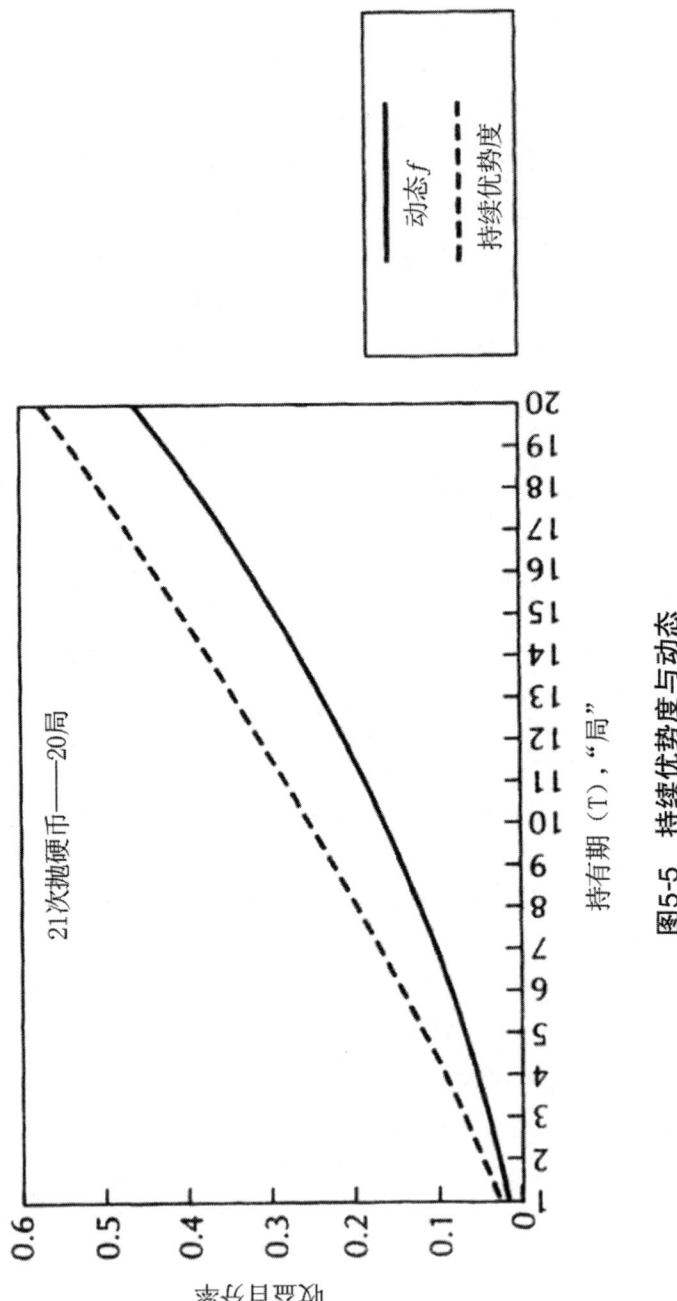

图5-5 持续优势度与动态

第 5 章 投资经理的资金管理

美元,然后将所得结果作为投注金额,从而实行静态部分 f 法。

所以假设在第二局之后,我们的赌注有 210 美元。那么我们将在下一局下注 10 美元(因为 210/20 = 10.5,而且我们必须下舍取整数)。我们在之后的每局都这样投注,直到第十六局。

在第十七局,我们可以看到动态 f 的斜率超过了其他线,所以我们现在必须转而以动态 f 方式交易。交易方法如下:当我们开始时,事实上我们决定交易 20% 的活动资本(因为我们决定交易完全最优 f 的五分之一)。因为我们的初始赌注是 200 美元,那就意味着我们将会在开始第一局时,以 40 美元活动资本开始投注。那么我们就有 160 美元闲置资本。

所以,在开始第十七局时,我们想要转而使用动态法,那么我们就要将我们的资本数额减去 160 美元,然后将差额除以 4 美元,即最优 $f\$$,所得结果就是我们要在第十七局下的赌注。我们在每一局开始前都这样计算,无限继续下去。

那么,我们假设在第十六局之后的赌注是 $\$292$。我们将其减去 $\$160$,得出的结果是 $\$132$,然后我们将其除以最优 $f\$$,即 $\$4$,所得结果是 33。那么我们将会在第十七局下注 33(即下注 $\$33$)。

如果你愿意,你也可以将这些持续优势度的分界点作为一个上涨收益百分率,在转换到下一水平前必须计算出。因为等式[5.13]给出了与等式[5.09]的横坐标相对应的纵坐标,即 Y 轴,我们就可以确定与等式[5.18-20]相对应的纵坐标。因为你要在等式[5.19]大于等式[5.18]时的那个 T 值处,从一个连续合约转移到静态 f,那么你就可以将那个 T 代入到等式[5.16]中,并将所得结果减 1。这就是你从连续合约转换到静态 f 所需的初始资本的收益百分率。

因为你要在等式[5.20]大于等式[5.19]时的那个 T 值处,从动态 f 转移到静态 f,那么你就可以将那个 T 值代入到等式[5.17]中,并将所得结果减1。这就是你转换到以动态f方式交易所需的初始资本的收益百分率。

关于$n+1$维格局图峰值左侧的重点

我们继续讨论这个问题,它针对大多数交易稀释f组合的资金管理者;也就是说,他们将会采用不同的方案图谱或市场体系,交易比最优数更加保守的数量。我们将其称为"左侧位置",这个术语来自于这个理念:如果我们正在考虑交易一个方案图谱,我们将会在一个二维空间内得出一条曲线图,而处于这条曲线的最高点左侧就意味着交易单元比最佳数量要少。如果我们交易两个方案图谱,我们就会在一个三维空间内得出一个剖析图,这样的资金管理者就会限制自己只使用不动产,从下向上看,它处于格局图的峰值左侧,而从东向西看,它也处于格局图的峰值左侧。我们可以拓展到更多维数,但这个术语"左侧位置"与维数无关;它只是表示在每一条坐标轴上有比完全最优值更少的(方案图谱)。

资金管理者并不是最大化收益的人。也就是说,他们的效用函数或者说他们的客户及公司施加给他们的效用函数$U''(x)$小于0。因此,他们处于最优f的峰值左侧。

因此,如果实际约束条件下的资本曲线比最佳水平所需要的曲线更加平稳,且认识到最佳水平处的非典型回撤一定会导致资金管理者的客户离开,那么我们就面临一个问题:左侧哪个位置是一个合适的点(以满足其$U''(x)$)?一旦找出这个合适的点,我们就可以实行连续优势度。这样做,我们将确保通过在左侧的这个合适点处交易,我们将会在其后的任何点都有最高账户预计值。然而这并不意味着这将超越在完全最优f组合处交易的账户。这不会发生。

第5章 投资经理的资金管理

然后我们开始实际操作这个新框架。所以,此部分的要点包含两部分:首先是指出左侧也存在有利点,其次但更为重要的是通过例证表明如何应用这个新框架。

峰值左侧有许多有利点,以下内容并不够详尽。相反,这对你来说起入门作用。

第一个左侧的有利点与连续合约交易相关,也就是说,无论资本是上涨还是下跌,我们都始终以同样的单元大小交易。候选资金管理者不应该将其视为过分简单化的,原因如下:无论账户资本有多少,始终交易同样的持续数量会使得一个可盈利系统在将来盈利的概率达到最大值。改变与账户资本相关的交易数量有利于最大化概率(然而它并不最大化盈利率)。

交易相同的持续数量的问题在于,它不仅使你处在最高点左侧,而且随着账户资本的增长,事实上你正朝着不同 f 坐标轴上的 0 处移动。

例如,假设我们正在进行二对一抛硬币赛局,最高点处 $f=0.25$,或者说用账户资本中的每四美元下一注。假定我们有一个 20 美元的账户,且我们打算始终下两注,即无论资本如何变化,我们都始终下注两美元。因此,我们以十美元的 $f\$$ 开始交易(幸好这是一种二维情形,因为我们讨论的只有一个方案图谱),即 f 等于 0.1,因为 $f\$=-BL/f$,所以 $f=-BL/f\$$。现在,假设我们继续一直投注两美元;如果账户总资本达到 30 美元,假设我们还是只投注两美元,那么与 15 美元的 $f\$$ 相对应的 f 变成了 0.067。如果账户继续盈利,那么我们使用的 f 将会继续向左偏移。然而,反过来也是一样——如果我们亏损资金,那么我们使用的 f 就会向右偏移,并且在某个时刻可能会接近这个格局图的峰值。因此,峰值代表的是一个连续合约交易者应该停止正在亏损的连续合约交易的位置。所以,f 会左右偏移,会通过这个格局图的其他点,其中有一些点还有待探讨。

另一种方法就是通过确定资金管理者能够承担的最坏情况的亏损开始,并表示为资本回撤率,并用其代替最优 f 来确定 $f\$$。

$$f\$ = \frac{\text{abs}(最大损失方案)}{最大亏损率} \qquad [5.21a]$$

因此，如果一个资金管理者能够承担的最大亏损是 20%，而最坏情况下的方案会损失 -$1 000：

$$f\$ = \frac{\$1\,000}{0.2} = \$5\,000$$

那么他就要用 $5 000 作为其 $f\$$。这样做的话，他仍然不能将其最坏情况下的亏损限制在 20% 的资本回撤率。反而，他做到的只是提前确定出现这种灾难性情况时会发生的亏损。

注意在使用这种方法时，资金管理者必须确保最大亏损率不大于最优 f，否则通过这种方法，他就会处在峰值右侧。例如，如果最优 f 确实是 0.1，而资金管理者用 0.2 的最大亏损率来实施这种方法，那么他交易的 $f\$$ 将会是 $5 000，而在最优水平处，他应该交易的 $f\$$ 是 $10 000！那么他一定会遇到麻烦的。

此外，我们所举的例子仅仅表示交易一个方案图谱。如果你交易一种以上方案图谱，你就必须改变分母，将分母变成最大亏损率除以方案图谱数量 n：

$$f\$ = \frac{\text{abs}(最大损失方案)}{\left(\dfrac{最大亏损率}{n}\right)} \qquad [5.21b]$$

其中 $n=$ 投资组合中的组件（方案图谱或市场体系）数量

注意如果每个方案图谱都同时出现了最坏情况方案，那么通过这样做，你将仍然能够确定整个投资组合的最大亏损率。

接下来我们要说的是左侧的另一个重要点，这可能对某些资金管理者来说很重要：收益风险比率或 GRR（图 5-6）。如果我们将 TWR 作为分子收益，并将所使用的 f（或投资组合使用的 f 值之和）作为代表风险，因为它表示的是在出现最坏情况时，你将会损失的赌注的百分率，那么我们可

以将收益风险比率写成：

$$\mathrm{GRR}_T = \frac{TWR_T}{\sum_{i=1}^{n} f_i} \quad [5.22]$$

尽管在图 5-6 与 5-7 中，它表示的是交易一个方案图谱，但是从 T=1 时的无限小的 f 值变成 T=无穷大时候的最优 f 与所有坐标轴相关。如果你同时交易两个方案图谱，GRR 的最高点会随着 T 的增长，在这个三维格局图中移动，从两个 f 值都接近 0 变成最优 f 值（在二对一抛硬币赌局中是 0.23）。

无论我们要同时交易多少方案图谱，用等式 [5.22] 确定同时交易一个以上方案图谱的 GRR 都很简单。

下一个也是最后一个在左侧的或许对许多资金管理者较为有利的点就是 TWR 与 f 相关的拐点。

再次参考第 16 页的图 1-2。注意随着我们从左侧的 0 开始接近最优 f 的最高点，我们在一定程度上以一个不断增长的比率得出 TWR（纵向）。于是我们在风险线性增长时，获得越来越大的收益。然而，在某个特定点处，TWR 曲线会随着 f 的每次增长而上升，不过是以一个越来越慢的速率。这个转折点就称为拐点，因为它表示这个函数从上凹变成下凹的位置，这是另一个对资金管理者来说很重要的左侧的一个点。拐点代表收益的边际增长停止增长，并实际上由于风险的每一次边际增长而开始下降。因此，它对资金管理者来说或许是一个极其重要的点，并且在一些情况中，它在资金管理者的眼中甚至是最佳的，因为它确实最大化了那个值。

这个比率正是其名称所表示的意义，即收益（在 T 局之后预计赌注的倍数 TWR_T）与风险（f 值总和，表示我们有风险的赌注的总比率）的比率。如果 TWR 是 T 的一个函数，那么 GRR 也是。也就是说，在 T 增长时，GRR 从一个无限小的 f 值变成最优 f（见图 5-7）。在 T 达到无穷大时，GRR 等于最优 f。类似于 EACG，如果你经推理知道了你试图最大化的 T 值是什么，那么你就可以以那个 f 值交易，以最大化 GRR。

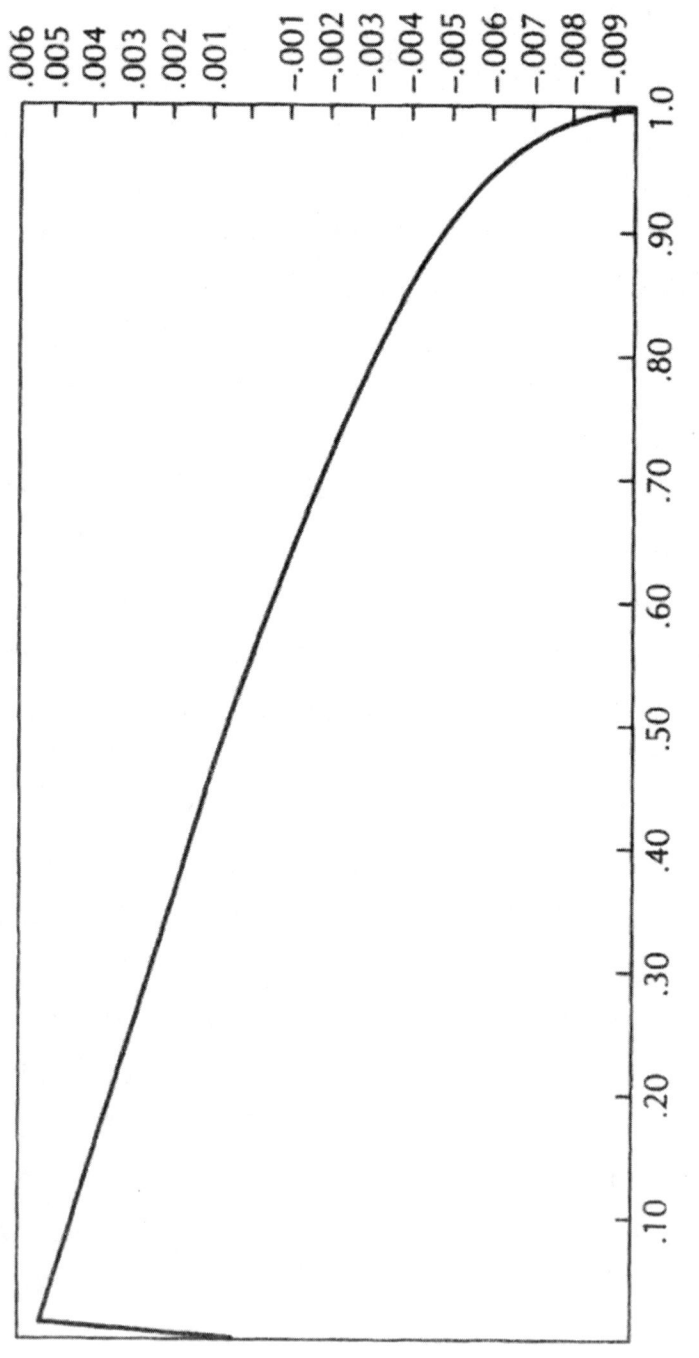

图5-6 二对一抛硬币赛局，T=1时的GRR

第 5 章 投资经理的资金管理

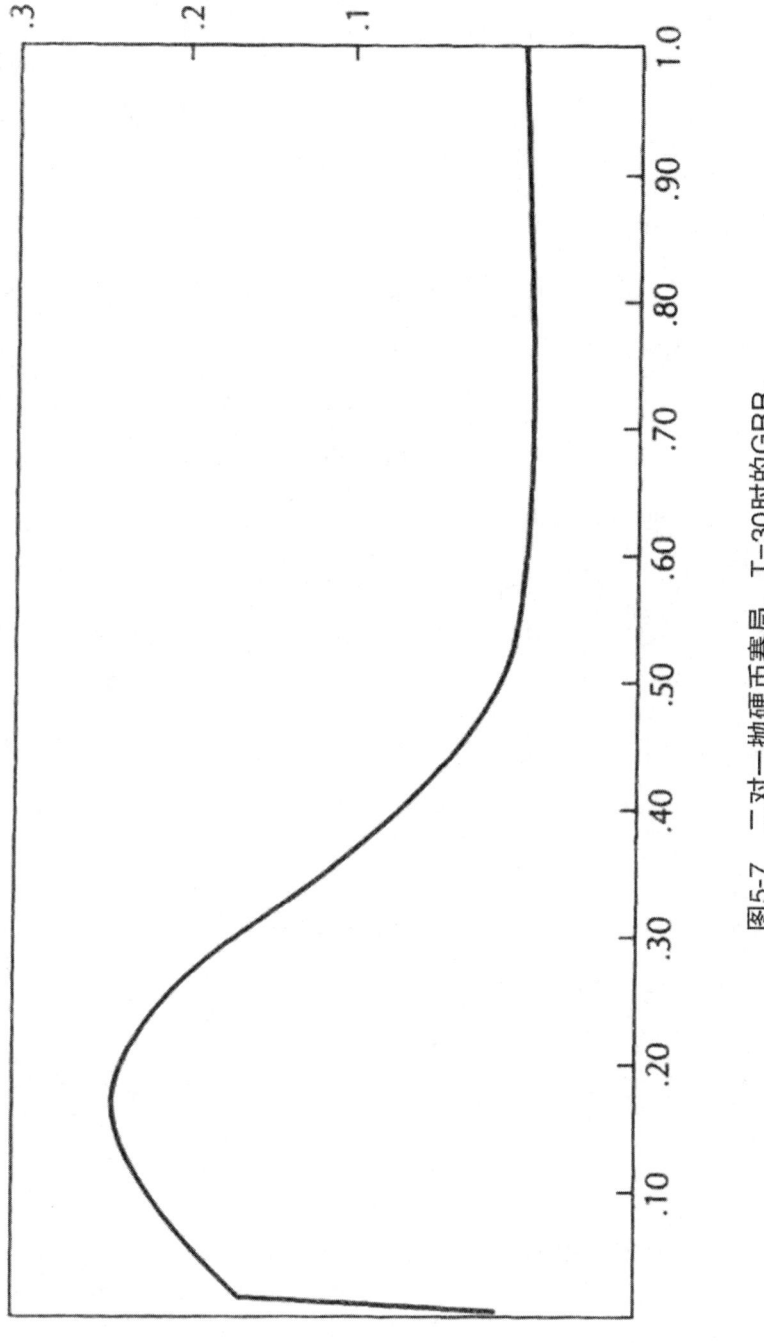

图5-7 二对一抛硬币赛局，T=30时的GRR。

然而，回想一下图 1-2 表示的在四十局之后的 TWR，我们看看在二对一抛硬币赌局的一局后的 TWR 是什么，它也可以简单地称为几何均值 HPR，如图 5-8 中所示。

有意思的是，这里没有任何点会让这个函数从上凹变成下凹，反之亦然。没有任何拐点存在，它整个都是下凹的。

对于一个正运算期望值，几何均值没有任何拐点。然而，如果 T>1，那么 TWR 就有两个拐点，一个在峰值左侧，另一个在右侧。而对我们有影响的一定是峰值左侧的那个点。

在 T=1 时，左边的拐点是不存在的，且随着 T 的增长，它会从左边接近最优 f（图 5-9 与 5-10）。当 T 是无限大时，拐点都会集中在最优 f 附近。

然而，左边的拐点会随着 T 接近无穷大时向最优 f 偏移，正如 GRR 一样。另外，与 EACG 一样，如果你知道在你开始交易之前你要交易多少有限 T，那么你就可以使左边的拐点达到最大值。[①]

为了概述一下左边的拐点是如何向最优 f 偏移的，以下表格表明了二对一抛硬币赌局的数量：

---

① 但有意思的是，如果你试图在 T 不变的情况下使 EACG 达到最大值，你就会寻找 f 曲线图的峰值右侧的一个点，这个点的 f 值会最大化 EACG，并随着 T 从右边接近无穷而逐渐接近最优 f。

第 5 章 投资经理的资金管理

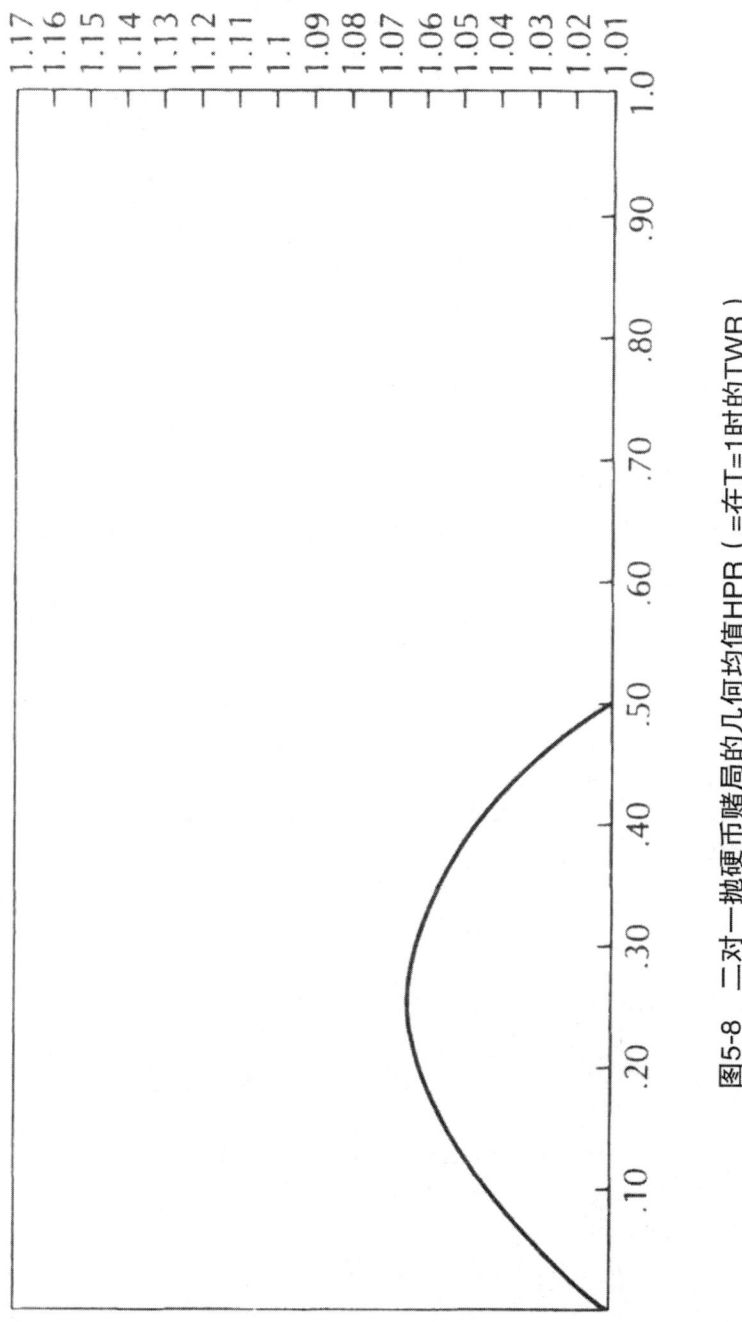

图5-8 二对一抛硬币赌局的几何均值HPR（=在T=1时的TWR）

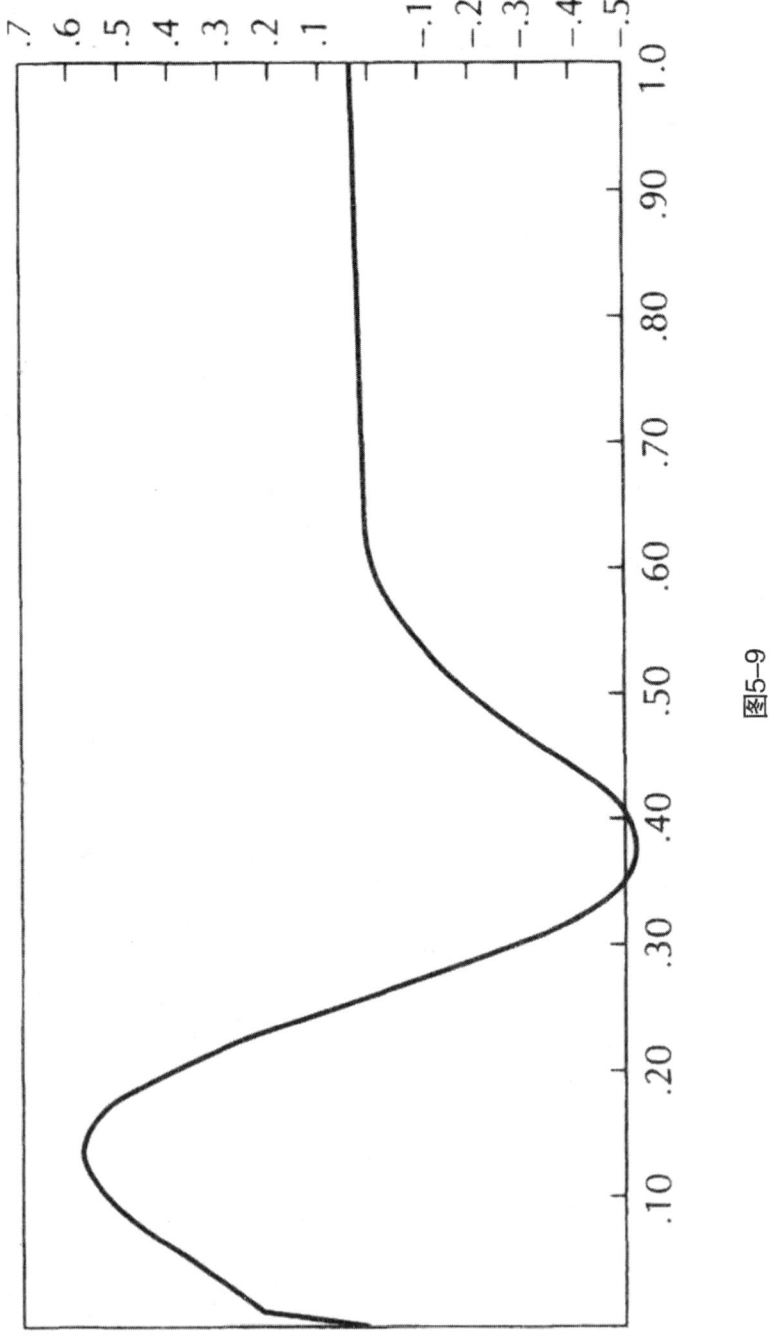

图5-9

第 5 章 投资经理的资金管理

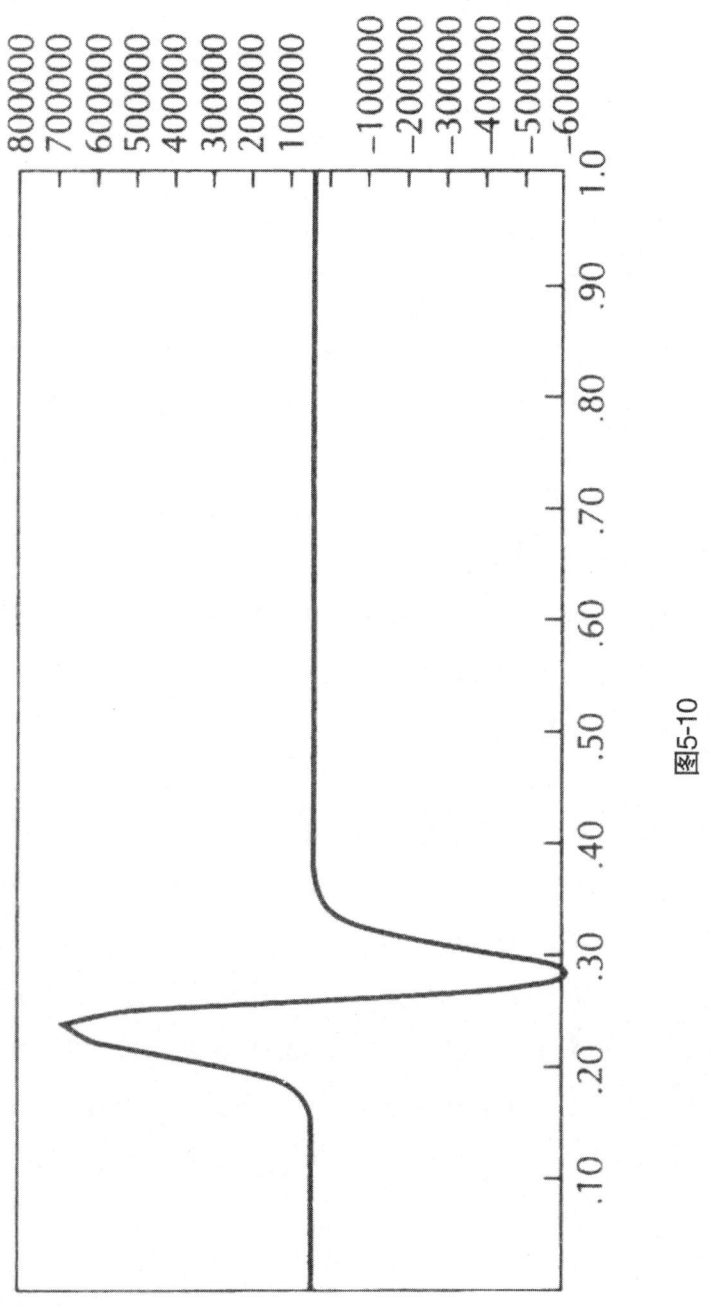

图5-10

2：1 抛硬币赌局

#局（T）	左侧拐点 f
1	0
30	0.12
40	0.13
80	0.17
800	0.23

那么，我们再次了解到，随着更长时间的过去及其 T 的增长，偏离最优 f 会有很严重的后果。渐进地，无论是 EACG、GRR 或是左边的拐点，几乎一切都最大化了。当 T 增长时，这些值全都会接近最优 f。因此，随着 T 的增长，这些有利点与最优 f 的之间距离减小了。

假设一个资金管理者以日计算 HPR，并且想要在当前季度内达到最佳值（拐点或 GRR 方面），他就会将 T 值定为 63，并将自己置于那些坐标中对每个季度都是最优的位置。

当我们开始在两个维数以上操作时，即我们处理超过一个方案图谱时，我们就面临着一个总体更加复杂的问题。

这个方案从数学意义上可以表示为一个点，在这个点上，每一个特定 f 的 TWR 的二阶偏导数（等式 [4.04] 中，持有期数量增长至 T 的幂时，我们寻找这个拐点）都等于 0，且每个点都在峰值的左侧（在坐标轴上）。这变得更加复杂，因为在那个点处，根据这些方案图谱本身的参数以及 T 值有多大，每一个 f 的 TWR 的二阶偏导数等于 0 这种情况或许不会存在。如果 T 等于 1，TWR 等于几何均值 HPR，而它是一个倒转抛物线——它没有任何拐点！

而在 T 接近无穷时，这个（些）拐点就会接近最优 f！由于没有无限大的 T，那么或许在大部分情况中，都不会有这样一个在所有坐标轴上合适的常见拐点。①

这一切让我们回想起本书的开始部分。如果你愿意，关于杠杆空间中的 $n+1$ 维格局图

的整个理念，以及与坐标轴相对应的不同方案组合的 f 值都可以用作分析投资组合构建与随着时间变化确定数量的一个框架。这个新框架还有很多需要改善的地方。本书并不是这个主题的最终结论，相反，它仅仅是对于一种确定资产配置的全新且（我相信）更好的方法的介绍。投资组合策略分析师、应用数学家、资产分配者及其程序员要探索的几乎必然还有很多。确实，还有很多分析处理工作要做，并将得出的结论添加到这个新框架中，而做到这些的利益还无法确定。

亏损管理与新框架

亏损以三种形式发生。第一种也是最常见的是一场交易的灾难性损失。我在这个行业中最开始是做一个保证金办事员，我的工作就是监管成百上千的账户。我为许多全世界最大的交易商担任过程序员及顾问。我整个成年时代都在各交易场所交易与工作，并往往会观察人们在市场中操作的方式。我看过许多人仅在一场交易过程中就被摧毁。我也有很多被一场交易摧毁的亲身经历。

---

① 记住分散投资（即交易一个以上方案图谱或在二个以上维数内操作）的唯一好处就是可以使一段特定时期内的持有期数量 T 增长——你并没有降低风险。因此，想要最大化收益的边际增长与风险的边际增长比率的人很可能会选择仅交易一个方案图谱。

资金管理新论： 资产配置的一个新框架

这种情况发生的每种情形的共同特征就是缺乏市场流动性。流动性的重要性怎么强调都不为过。流动性不是我能够进行量化的东西，它不仅仅是未平仓合约与交易量的一个函数。另外，流动性需要能够保持很长一段时期，否则就会产生巨大的损害。美国公债期货在1987年是流动性最强的合约。但它在1987年十月的几天中却也处于一个十分萧条的地位。所以在流动性方面，你必须十分谨慎。

人们历经巨大亏损的第二种形式是较常见的而甚至更加不幸的一种方式，即直到市场变得对他们及其不利，他们仍然没有意识到自己的处境。这很不幸，是因为这些情况本来都是可以避免的。然而它却是屡见不鲜的。所以你必须随时了解到自己在每个市场中的处境。

第三种亏损原因是最可怕的，但是其产生的后果与前两种原因的后果一样。这种类型的亏损的特征是延长的亏损迹象，或许是在许多失败的交易中夹杂着偶尔的胜利。这是大部分交易者永远害怕的一种亏损类型。在这一类亏损中，系统交易者会怀疑他们的系统到底是否依然有效。然而，这恰恰是可以管理并能通过新框架大大缓解的一种亏损类型。

资产配置的新框架自身涉及到增长最优性。然而通常情况下，资金管理群体都将增长最优性视作次要地位。对于资金管理群体来说，首要关注点是资金保存。

不仅对资金管理者来说是这样，大部分投资者也是这样认为。资金保存是建立在降低亏损的基础上的。我们这里所说的新框架第一次能够让我们从数学运算上减少亏损最小化的工作量。它是这个新框架的一个偶然性后果，也对新框架有着巨大的反诘意味。

我在过去及本书中所写的一切都涉及增长最优性。然而，在构建一个从增长最优性角度来看待事物的一个框架时，我们在同样的一个框架内，也可以以一种亏损最优性方式来看待事物。我们由此得出的结论本来以另一种方式不能得出。

逐步演变成这个资产配置新框架的最优f理念现在而已超越理论公式及理念,并开始落实到现实生活中,以达到资金管理者及个人投资者的目标。

旧平均方差模型不够完备,无法处理亏损管理理念。首先是因为,由于收益的差异构成风险的这个简化理念,风险被降低。事实上,降低收益离差而不降低亏损可能是较为普遍的一种情况。

设想两个组件之间的相关性是负数,组件1在星期一和星期三上涨,而在星期二和星期四下跌,而组件2完全相反,在星期一和星期三下跌,而在星期二和星期四上涨。在星期五,两个组件都下跌。一起交易这两个组件可以降低收益离差,但是星期五发生的亏损事实上会比仅交易两个组件中的其中一个更加严重。最终,所有的相关性都降为0。平均方差模型并没有处理亏损,它只是最小化收益离差,尽管它可能能够缓解许多亏损,但它仍然会让你可能发生严重亏损。

然而,从这个新框架中看待亏损将让你得出一些十分有用的信息。现在我们设想通过不交易(即$f=0$)而使亏损最小化。因此,如果我们考虑同时交易两场抛硬币比赛,每一局的赌注都是2∶1,每一局中f值都为0.23时,可以最大化增长,而在两局的f值都是0时,亏损被最小化。

第一个要了解的关于亏损最优性(即最小化亏损)的重点就是,它几乎可以在交易中达到。不像最佳增长点,最佳点是不可能实现的,除非我们不进行交易;然而,我们可能接近它。因此,要最小化亏损,也就是要接近亏损最优性,需要我们在每个组件中都使用尽量小的f值。换句话说,要接近亏损最优性,你就必须坚守在格局图的角落位置,在那里,所有f值都接近0。

在如图5-11中所示的2∶1抛硬币比赛这样的事情中,峰值并不会向周围移动。这是一种理论设想,而其本身可以用做一个优于传统模型的投资组合模型。

资金管理新论：资产配置的一个新框架

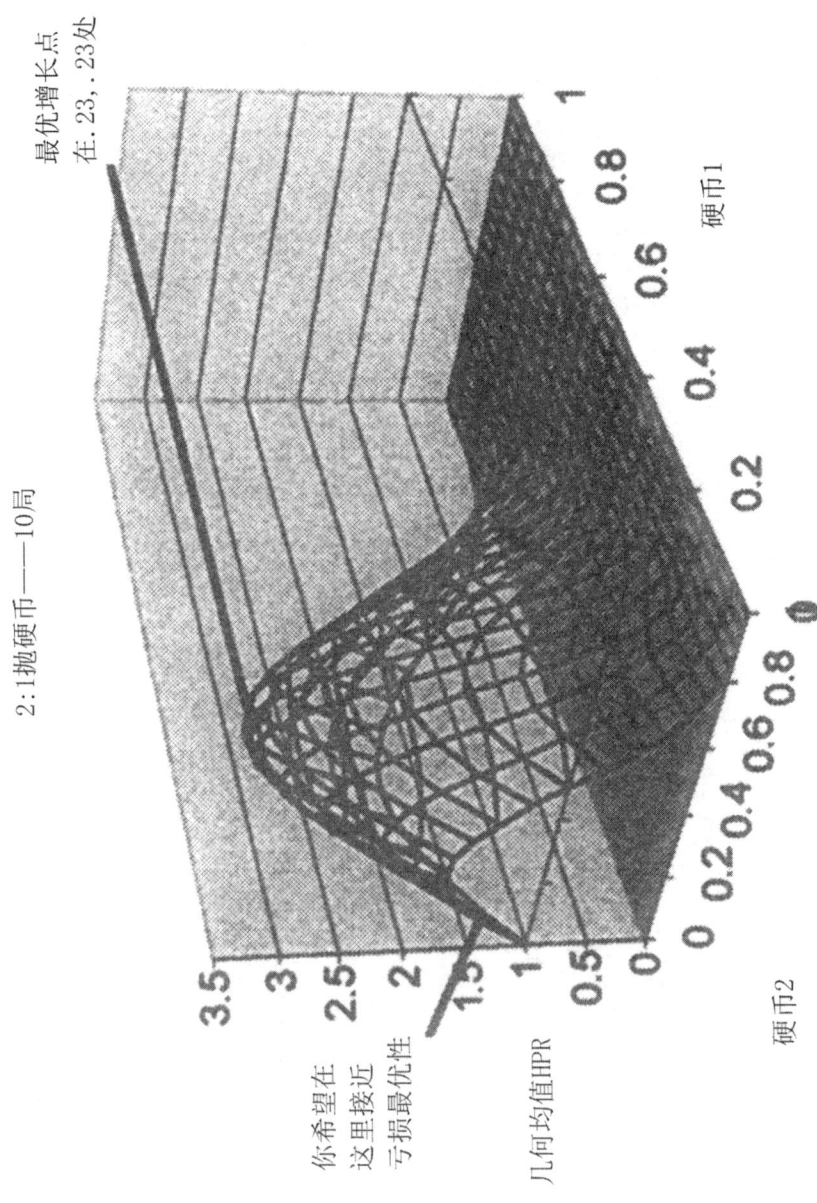

图5-11 在格局图上的一个不同的点处接近亏损最优性，而不是最优增长点

然而，正如在本书前面所提到的，在实际交易中，市场并不完全符合理论设想。问题在于，不像我们之前的2：1抛硬币比赛，收益分布会随着市场条件的变化而随时间改变。这个格局图有多种形式，并随着市场条件的变化而向四周移动。你与峰值所在点越近，那么在它移动时，对你产生的消极作用就越大，这是因为这个图在离峰值最近的地方最陡。如果我们要画一个格局图，如图5-11中的一样，但仅包括两种系统都亏损的一段时期的数据，这个格局图（高度或TWR）在f坐标0，0时将会是1.0，那么它将会以抛物线形式从那儿下滑。

我们通过保持所有组件的那些f值接近0而接近亏损最优性。在图5-11中，我们会希望处在左上角，所有f值都接近0。这样做的原因在于，随着格局图的波动，峰值向四周移动，在那个角落的消极影响会是极小的。换句话说，随着市场条件的变化，在这个角落中对于一个交易者的影响被最小化。

那么表面上看来，问题就在于，增长率被舍弃，而这种舍弃的增长率伴随着指数的不同。然而，这个问题的解决方案可以通过交易的基本等式得出。因为增长率——即TWR——是持有期收益的几何均值的T次幂，所以所进行的局数可以表示为：

$$TWR = G^T \qquad [5.23]$$

通过隐藏在角落，我们就会有一个更小的G值。然而，通过使T增长，即交易数量，增长率的指数的下降的影响就与其本身的指数函数相反。

简言之，如果一个交易者必须最小化亏损，那么如果在同样的一个时间跨度内，以一个非常小的f值交易并取消更多持有期的话，他/她的情况就会更好。

例如，设想仅进行一局2：1抛硬币比赛。在40个持有期之后，在最

优 f 值是 0.25 时,那么几何均值 HPR 等于 1.060660172,且 TWR 等于 10.55。如果我们将要在 f 值是 0.01 时进行同一局比赛,那么我们的几何均值 HPR 就会等于 1.004888053,在加上 484 的幂时会得到 10.55。因此,如果你可以以与取消 40 局相同的时间来取消 484 局(持有期),那么你就会得到同等的增长率,亏损有大幅的下降。此外,你会让自己免受格局图的变化的巨大影响。也就是说,你也要让自己免受市场条件的变化的影响。

也许你会想要同时交易超过一个组件(即方案图谱)。也就是说,要使 T 增长,你就要同时交易更多组件。这与 192 页所述的理念相反,在那里探讨拐点时,我们说你在仅交易一个组件时的状况更好。然而,通过增加同时交易的组件数量,你就可以增加投资组合的复合 f。例如,如果你要同时交易 20 个方案图谱,每一个的 f 值是 0.005,那么你整个投资组合的复合 f 就会是 0.1。在这样一种情况下,如果最坏方案同时出现,你就会有 10% 的资本亏损。相比之下,仅交易一个方案图谱的状况就会好很多,这样你就可以在同样的时间跨度内,取消 20 个持有期的等量。这或许是不可能的,但这是你要最小化亏损要遵循的方向。

最后,当一个交易者希望接近亏损最小化时,他/她可以用持续优势度理念来这样做。持续优势度在理论设想模型中很重要。然而,它极其易受格局图的变化的影响。也就是说,当作为输入信息的方案变得适应市场特征的变化时,持续优势度就会出现问题。在情况不会在不同时期之间变化的一场赌局中,持续优势度是理想化的。在现实生活中的交易中,你必须使自己不受格局图的波动影响。因此,在新框架下的亏损最小化能让其自身实现持续优势度。

所以我们现在进行过了整个循环,从确定格局图的杠杆空间及发现最优增长点到从那个点退回到接近亏损最小化与资金保存的实际主要限制因素。通过简单地用任何一种对我们有利的方法使指数增长,我们可以达到增长率。如果我们能够获得一个足够大的 T 值,一个足够大的指数,我们可能能够达到同样的增长。因为指数等于一个特定时间跨度内的持有期数量,我们就要在一个特定时间跨度内获得尽量多的持有期。然而,这不一定指的是尽量交易更多的组件。所有相关性回到了一点上。此外,我们必须始终假定交易的所有组件会同时出现最坏情况。因此,我们必须设想复合 f——同时交易的所有组件 f 值总和——就是我们将会经历的亏损。这表明,在试图接近亏损最优性时,你仍然想要得到与在最优增长点同等的增长,我们就交易尽可能少的组件,并且使每个组件的 f 值尽可能地少小,同时在一个特定时间跨度内获得尽量多的持有期。

最优增长点是一个较危险的位置。然而,如果我们正确地利用它,也就是说,如果我们处在峰值将会在的位置,我们就可以获得巨大的增长。即使如此,我们还是会经历严重的亏损。然而,杠杆空间框架让我们能够制定一个计划,到达杠杆空间图上的一个位置,并达到亏损最小化。此外,它能够让我们通过一种替代方案来达到增长率,通过增加指数 T,通过任何必要的方式。如果从之前的框架中看待,这种策略在数学意义上不是这么显而易见的。

投资分析的一种新功能

归根结底,投资决策完全取决于方案可能性的准确性。因为我们考虑的是在一种机遇下应该投入的比率,而不是从简单的布尔数学体系看待事情。也就是说,我们不是从"我是否应该投资"意义上看待事物。我们可

资金管理新论： 资产配置的一个新框架

以利用本书第一章的二对一抛硬币例子。传统理念认为我们应该抓住这个机遇——接受这个赌局，因为它有一个正（运算）数学期望值。然而，如果我们在这个赌局中投入超过 25%，我们就不会从中获得收益。在投入 50% 以上（包括 50%）时，我们就必然会破产。我们不应该从简单的布尔数学体系来看待机遇，不能只考虑是否应该投资，是否应该买这份股票。相反，我们必须从灰色区域意义上看待事物，考虑"我应该投资多少到这个契机中？"（它可以是 0% 或 100%，或最有可能的是介于两个布尔极值之间）。因此，当我们考虑投资股票市场时，问题不是"我们应不应该做？"，而是"我们应该投入多少？"

本书中提出的这个新框架需要你从非布尔数学体系来思考。在布尔数学体系中，要么就投资某事物（即这个数值为 1），要么就不投资（即这个数值为 0）。这个新框架需要你从非布尔数学体系来思考；也就是说，问题不再是"你是否（长期）投资这个市场？"相反，它变成了"你（长期）投资在这个市场的比例是多少"，其中 0% 与 100% 都是可能的答案，但更加普遍的情况下，确切的数学答案（设想这个市场的可能方案）将会是一个在 0 到 1 之间的精确值。

那么我们就能知道，对于一个特定方案组合或几个方案组合，我们可以通过数学运算确定要投资的最佳数额。我们在本书中已经提出了这一点。如果输入数据——方案及其结果及发生率——是正确的，那么这也就没错。因为，在我们为把握一个机会的方法确定可能的方案时，所有方案都是有可能的，我们需要估算的唯一数值就是我们要确定的概率。因此归根结底，投资决策完全取决于方案可能性的准确性。这不容易做到，因为我们在事后不能确认这些概率。也就是说，在一个持有期的最后，能够实现其中一种方案。但是，你无法知道你确定的概率在其实现前是否正确，这大致符合本书开篇引用的斯坦贝克的观点。因此，市场分析不应该将其主要目标定位是否投资这个问题上。相反，市场分析应该将其主要目标设定为回答"这个市场进行这样一场交易的概率有多少？"这个重要得多的问题。从长远来看，回答这类问题比任何市场预测对投资者或资金管理者产生的利益都要多得多。

所以，我们似乎已经完成了从表明市场分析（技术上或其他方式）绝不会比投资数额决策更加重要开始的整个循环。然而，由此看来，如果我们使用市场分析来确定特定市场可能会出现情况（而不是我们认为它们会出现的情况）的正确概率，而不是可能性，那么这个数额方面的决策可以通过市场分析来回答。

参考文献

1. 加里·P. 布林森、布莱恩·D. 辛格、吉尔伯特·L. 比鲍尔，《投资组合绩效的决定因素Ⅱ：最新资料》，《金融分析期刊》，1991，47，5-6，40-49页.